आधी औरत आधा ख़्वाब

आधी औरत आधा ख़्वाब

इस्मत चुग़ताई

अनुवाद

मोहम्मद उमर

वाणी प्रकाशन

वाणी प्रकाशन
4695, 21-ए, दरियागंज, नयी दिल्ली 110 002
फ़ोन : +91 11 23273167 फ़ैक्स : +91 11 23275710
शाखाएँ
अशोक राजपथ, पटना 800 004, बिहार
कॉफ़ी हाउस कैम्पस, महात्मा गांधी मार्ग, इलाहाबाद 211 001, उत्तर प्रदेश
महात्मा गांधी अन्तरराष्ट्रीय हिन्दी विश्वविद्यालय, वर्धा 442 001, महाराष्ट्र
सुल्तानिया रोड, मोतिया पार्क, भोपाल 462 001, मध्य प्रदेश
www.vaniprakashan.com
marketing@vaniprakashan.in
sales@vaniprakashan.in

ADHI AURAT ADHA KHWAB
by Ismat Chughtai
Translated by Mohammad Umar

ISBN : 978-93-5000-839-3
Collection of Stories

संस्करण 2012, 2014
आवृत्ति 2020

मूल्य : ₹ 250

यश प्रिंटोग्राफ़िक्स, नोएडा-201 301 (उ.प्र.) में मुद्रित

वाणी प्रकाशन का लोगो मक़बूल फ़िदा हुसेन की कूची से

अनुक्रम

गेंदा

(इस्मत चुग़ताई का पहला अफसाना)

"जने यह झोपड़ी है, है न!" मैंने और गेंदा ने बालकमीरी की घनी झाड़ी के नीचे रेंगते हुए सोचा और हम दोनों झुके-झुके दोनों हाथों से ज़मीन साफ करने लगे। थोड़ी देर में पीली मिट्टी के साफ और चिकने फर्श पर हम मजे से बैठे हुए थे। थोड़ा सोचविचार के पश्चात् हम अपना सबसे प्यारा खेल 'दुल्हन दुल्हन' खेलने लगे। गेंदा अपनी बदबूदार सुर्ख ओढ़नी का लम्बा घूँघट मारकर बैठ गयी। मैंने धीरे से घूँघट उठाकर 'दुल्हन' का मुँह देखा। गेंदा का गोलमटोल चेहरा खून के एक दम दौड़ जाने के कारण वीरबहूटी की तरह लाल हो रहा था। आँखों के पपोटे बेचैनी से फड़फड़ा रहे थे और वह मुश्किल से अपनी हँसी को दबाये हुए थी।

"अब हम... गेंदा भई अब हम" मैंने रश्क से तड़पकर कहा।

"अहा!" भय्या ने टहनियाँ हटाकर हमें देखते हुए कहा। यह क्या हो रहा है?"

गेंदा ने हड़बड़ा कर घूँघट फेंक दिया और सहमकर बैठ गयी। हमारा दिल धक-धक करने लगा।

भय्या क्या किसी को भी पता चल जाता कि हम "दुल्हन" का खेल खेल रहे थे तो ज़रूर हम पर मार पड़ती।

यह मज़े का खेल तो हम हमेशा छुपकर ही खेला करते थे। न जाने क्यूँ?

"आं..."... मैंने इठलाकर कहा। "हम तो खेल रहे हैं।"

भय्या शायद नेकी के दम में थे कि झुकते हुए खुद भी अन्दर आ गये और उकड़ूँ बैठ गये। मगर थोड़ी देर में वह घबरा गये।

"ऊँ हूँ। कमबख्तों यहाँ कैसे बैठे हो? उन्होंने एक टहनी से अपनी नाक बचाकर कहा।

"और गेंदा" उन्होंने उसके फूले हुए गाल में चुटकी लेकर कहा "और तू यहाँ बैठी है।" कहता हूँ नत्था से।

"अरे बाप रे" और वह अपना छोटा सा लहँगा सँभाल कर भागने लगी।

"आँ...गेंदा तू मत जा" मैंने उसे पकड़ कर मचलते हुए कहा।

"दादा मारेगा फिर" उसने भय्या से डरते हुए कहा।

"नहीं मारेगा तूने काम तो कर लिया।"

"अच्छा बैठ" भय्या ने नरमी से गेंदा को अपने पास घसीटते हुए कहा। "मगर बीबी तुझे तो ज़रूर पिटवाऊँगा, यहाँ ज़मीन में लोट-लोट कर कपड़े गन्दे कर रही है।"

"कह देना, कह देना। मैं कोई डरती हूँ" मैंने डरकर कहा और कपड़े झाड़ने लगी!

"गेंदा... अरी ओ गेंदवा्... आ...किधर मर गयी।" बहू की आवाज़ गूँजी और गेंदा भय्या से हाथ छुड़ाकर तीर की तरह भागी।

आन की आन में खेल बिगड़ गया। मैं भय्या से उलझ पड़ी और करती भी क्या।

"ऐं...जाओ यहाँ से" मैंने मिनमिनाकर कहा और एक धप मेरे लगा कर चल दिये।

(2)

"बुधवा काहे को संघा करे" गेंदा ने फलसफयाना अन्दाज़ से कहा।

"बुधवा!!" सुर्ख ईंट को जिसे मैंने सिन्दूर तैयार करने के लिए पत्थर पर घिस रही थी। कुरते से पोंछकर कहा "बुधवा!!"

"हाँ, और क्या हम बुधवा हैं" मुझे ऐसा लगा जैसे गेंदा ने गर्व से कहा।

"और हम?" मैंने कहा।

"तुम" वह हिक़ारत से मुँह बनाने लगी "तुम तो कनैया हो। ही ही ही" उसने मज़ाक़ उड़ाया।

मेरा दिल बैठ गया गेंदा मुझे हमेशा हक़ीर समझती है। मैं, मजाल है जो उसकी बराबरी कर जाऊँ, पिछले बैसाख में उसका ब्याह हुआ। सुर्ख सुर्ख कपड़े पहनाये गये, चमकते हुए चाँदी के ज़ेवर उसकी मिल्कियत हो गये और वह कई दिन तक छम-छम करती इठलाती फिरी। मैं बेचारी किसी गिन्ती ही में नहीं। टुकुर टुकुर मुँह देखना और बिल्ली की तरह उसके पीछे लगे रहना। कभी उसकी चोटियाँ गिनती। कभी उसके घूँघरू सँभालती, कभी उसका झूठे गोटे का दुपट्टा ज़मीन से लग जाने पर तड़प कर उठा लेती।

अम्मा की ज्यादती देखकर मैं ज़रा लिहाफ का भी घूँघट निकाल कर बैठूँ तो डाँट बताती हैं। उँह। आखिर क्यूँ?

"क्यूँ बिछौने खोद रही है?" जैसे लिहाफ घूँघट के इस्तँमाल से फट ही तो जायेगा ना।

जो कभी पटया ओढ़ने को माँगूँ तो झिड़क देती हैं।

"नहीं। कीचड़ में लिथड़ने को ना!"

यह माना कि मैं गेंदा से छोटी हूँ मगर इतनी भी नहीं कि दुल्हन न बन सकूँ। मुझसे कहो साड़ी से घूँघट काढ़े बैठी रहूँ और ज़रा भी जी न घबराये। आखिर मैं भी तो इन्सान हूँ। गेंदा का मियाँ बरसात में मर गया। सारा घर दिन-रात रोता-पीटता रहा। गेंदा की तो चूड़ियाँ तोड़ दी गयीं और वह भी खूब रोयी। "हा! बेचारी गेंदा!" सब उसको समझाते-बुझाते और प्यार करते और मेरा तो घर में नोटिस भी न लेता। हर बात में यही कि बस अभी बच्चा हूँ, अभी छोटी हूँ, खाक पड़े इस छोटेपन को। आखिर कब तक छोटी रहूँगी? इतनी बड़ी हो गयी कि नीली सलवार भी ऊँची हो गयी। अच्छी-अच्छी चीज़ों के लिए तो मैं 'ढ़ोंगड़ी' हो जाती हूँ और वैसे मतलब के वक्त मुझे सब छोटा बना देते हैं। यह अब तक मुझे नहीं पता कि छोटी हूँ या बुरी। कुछ अजब उलझन है। उँह!

"तो तुम सिंगार करतीं?" मैंने बेकार दोहराया।

"जब पती ही मर जाये तो फिर 'किस पर' सिंघार करें।" गेंदा ने सूफियाना अन्दाज़ अपना लिया। माँग का सिन्दूर हाथ की चूड़ी पती के लिए ही होती न?" इसने सुनी-सुनायी बात को विश्वास का रंग देने की कोशिश की।

"देख गेंदा कितना ढेर सा सिन्दूर बन गया।" मैंने पिसी हुई ईंट को उँगलियों से समेटते हुए कहा।

गेंदा सिन्दूर की छोटी सी ढेरी को एक विधवा की तरह देखने लगी लेकिन जल्द ही हम दोनों मुस्कराने लगे।

"तू भाभी से न कहना...अच्छा...आओ" उसने आगे सरककर कहा और हम दोनों सिंगार के लिए तैयार हो गये। मैंने अनुभवी सिंगार करने वाली की तरह गेंदा के उलझे हुए बालों को मुश्किल से पानी से चिपकाया और उसमें सिन्दूर भर दिया। अहा!

गेंदा का चेहरा लाल लाल हो गया और उसने शरमाकर मुँह ओढ़नी में छुपा लिया और हँसते-हँसते लोट गयी।

"अरे अरे" मैंने उसे टोका "सब बिगड़ जायेगा। भई हम नहीं।"

"लाओ अब तुम्हारे लगाऊँ" गेंदा ने मेरे सर पर पानी चिपड़कर कहा।

"और बिन्दी? मैंने आँखें झपकाकर कहा।

"हाँ...और क्या?" उसने इतमीनान दिलाया।

एक ज़रा सी देर में हम दोनों सिन्दूर से माँग भर और बिन्दियाँ लगाकर सर ओढ़नियाँ मढ़ कर सलीक़े से एक कोने में बैठ गये और एक दूसरे का मुँह देख देख कर अपने हुस्न का अन्दाज़ा लगाकर शरमाना ही पड़ा।

सामने से भय्या नज़र आये और गेंदा सुर्ख हो गयी। हमने जल्दी-जल्दी माथे की बिन्दियाँ छुटा डालीं और खिसियानी हँसी हँसने लगे।

भय्या मुझे धकेलकर गेंदा के पास बैठ गये वह शरमाने

लगी। भय्या ने दाँत पीसकर उसके दोनों गालों में चुटकी ली और वह उँह, करके सिकुड़ गयी।

"ऐ है। यह क्या है?" भय्या ने नफरत से पिसी हुई ईंट की ढेरी को जूते से बिखेरकर कहा उनकी उजली कमीज़ खराब हो गयी वह उसी पर चढ़ बैठे थे।

"यह तो सिन्दूर है। हमने बनाया।" मैंने गर्व से कहा।

भय्या उँगली से सिन्दूर से खेलने लगे और अपने पैर से गेंदा का पैर दबाया।

"ला मैं तेरे लगाऊँ" भय्या ने सिन्दूर लेकर गेंदा के लगा दिया।

"उँह' और उसने हथेली से सिन्दूर छुटा दिया।

"भय्या। गेंदा तो बुद्धू है वह सिन्दूर कब लगाती है" मैंने अपनी योग्यता जताई।

"लगायेगी कैसे नहीं चुड़ैल" और उन्होंने उसके दोनों हाथ पकड़कर उसे पीछे धकेला। उसने अपना मुँह छुपा लिया।

"गेंदा, फिर मैं तुझसे बोलूँगा भी नहीं।" और गेंदा ने आखिर को मुँह खोल ही दिया।

"गेंदा" भय्या ने उसके क़रीब सरककर कहा "ब्याह करेगी?"

"हट" और वह शरमा गयी।

मैं भी नक़ल में शरमाने की कोशिश करने लगी। हम दोनों घण्टों ब्याह की बातें करके शरमाया करते थे। भय्या को तो वह बातें पता भी न होंगी जो हमने आपा और नन्ही

को करते हुए पलंग के नीचे छुपकर सुनी थीं।

"हट कैसी!" भय्या ने कोहनी का ठोका देकर कहा। "बोल करेगी ब्याह!"

कैंछड़ों की झंकार से हम तीनों चौंक पड़े। वह कुएँ पर आ रही थी।

"गेंदा!" उसने पुकारा और वह दूसरे ही पल हमारे सरों पर आ गयी।

"अरे राँड़, यहाँ बैठी है। चल इस्तरी धक्का" वह गुर्राई।

गेंदा जल्दी से कतराकर जाने लगी। मगर उसने लपककर उसे जालिया और बाल पकड़कर दो झटके दिये।

"और यह माँग चोटी तूने कैसी करी है?" उसने धौल मारकर कहा। गेंदा ग़ोता मारकर निकल गयी। मैं और भय्या तड़प उठे।

बहू से मेरे बदन में आग लगी थी। वह जब गेंदा को मारती मैं ज़रूर कुछ न कुछ उसका नुकसान कर देती। आज जैसे ही उसकी आँख बची मैंने मुट्ठी-भर राख उसके साफ-सुथरे कलफ़ में झोंक दी और भय्या ने शाम को कालरों पर खराब इस्तरी करने के कसूर में नत्था के दो झापड़ कस कर लगाये।

(3)

"सूँघो" गेंदा ने अपनी छोटी कुरती का गिरेबान मेरी नाक से लगाकर कहा।

"सूँ...हा! इतर कहाँ से आया?" मैंने बिलबिलाकर

पूछा।

"भय्या" और वह ज़ोर से खिलखिलाने लगी। मैं भी रश्क को दबाकर हँस दी।

"गेंदा!" भय्या ने बरामदे से पुकारा। "यह कोट इस्तरी के लिए ले जा।" वह मेरी तरफ अर्थपूर्ण नज़रों से देखकर मुस्कुराती हुई चली।

गेंदा कैसे चली थी? जैसे लचकी जा रही हो। मैं जब चलती थी तो धपा-धप जैसे घोड़ा दौड़ रहा हो। मैं तो... उँह मेरा जी घबराने लगा और मैं जलकर बाग़ में पानी देने की हौंदी में एक लकड़ी उठा कर घँगोलने लगी। सुबह की पिसी हुई ईंट का सिन्दूर अब तक वहीं पड़ा था। भय्या ने गेंदा के तो इतर लगाया और मेरे लगाना शायद भूल गये। भूल क्यूँ गये। जानकर नहीं लगाया। हालाँकि उनकी सगी बहन हूँ और गेंदा वह तो उनकी कोई भी नहीं, मुझे भय्या से नफरत हो गयी और मैं ज़ोर-ज़ोर से लकड़ी घुमाने लगी।

"हाँ हाँ। क्या करती हो बीबी।" मेवाराम ने पीछे से आकर कहा।

मैं ग़ौर से मेवा को देखने लगी। "मेवा भी तो मेरा कोई नहीं!" मैंने सोचा। मगर मैं उसके हाथ देखकर उदास हो गयी। क्या मजाल जो यह कमबख्त ज़रा अपने हाथ मांझ कर मैल छुड़ाये हर वक़्त मिट्टी खोदता रहता है। मगर खैर।

"मेवा।" मैंने नरमी से कहा "ज़रा यहाँ आ" और मैं ग़ौर से लकड़ी में बूँदें टपकती हुई देखने लगी।

"क्या?" वह लापरवाही से मुड़ा और टोपी आँखों पर

सरकाकर गुद्दी खुजाने लगा।

"यह सिन्दूर मेरे माथे पर लगा दे" मैंने हुक्म दिया।

"यह सिन्दूर है" वह घे-घे हँसने लगे और चला मुड़कर।

"सुन भई... मैं तो... मेवा... ज़रा ठहरना" एक नये खयाल के कारण मैंने कहा।

"मेवा... ब्याह करेगा?" मैंने धड़कते दिल से पूछा।

"ब्याह! मेरा तो ब्याह भी हो गया" वह खुरपी का दस्ता पैर के तने से ठोंकने लगा।

"कब?" मैंने मरी हुई आवाज़ में कहा।

"अरे राम! मुद्दतें गुज़र गयीं।" उसने ऐसे कहा गोया कोई बात ही नहीं।

"अच्छा तो तू बुधवा है" मैंने फैसला किया।

"अरे नहीं" वह हँसने लगा। "कौन कोठरिया में मालिन बैठी है।"

"क्या मालिन से तेरा ब्याह हुआ था?" मैंने आश्चर्य से कहा।

"हूँ।" और वह चल दिया।

अच्छा तो वह बुढ़िया जिसे मैं मेवाराम की अम्मा समझती थी उसकी बीवी थी "कैसी अजीब दुनिया है।" मैंने सोचा और फिर हौदी में लकड़ी डालकर ज़ोर से घुमाने लगी... मैंने झुककर अपना गिरेबान सूँघा कि शायद वहाँ भी किसी इतर की खुशबू हो, मगर दूर-दूर कहीं खुशबू का नाम ना था। हाँ सुबह जो सालन गिर गया था अलबत्ता उसकी बिसाँध थी। मैं चिढ़ गयी।

(4)

गेंदा चुपके-चुपके भय्या के कमरे में तौलिया लपेटे हुए कपड़े रखने जा रही थी। मेरे दिल में खुदबुदी हुई और दबे पाँव बिल्ली की तरह मैं भी पहुँची और झाँकने लगी।

गेंदा फर्श पर बैठी कपड़े गिन-गिनकर अलग कर रही थी। भय्या कोने में खड़े सर खुजा रहे थे।

"हट। ग़लत गिन रही है।" भय्या ने उसके दोनों हाथ पकड कर कहा। उसने एक नज़र भय्या को देखा और त्योरी पर बल डालकर हँस दी। उन्होंने उसे खींचा तो वह सुकड़कर दरी पर औंधे मुँह लेट गयी और किसी तरह न उठी। भय्या ने उसकी कमर में जो गुदगुदी की तो तड़प उठी। भय्या जो आगे आये तो उसने एक थप्पड़ उनके गाल पर रसीद किया।

आश्चर्य की बात है कि मैं चौंककर नीचे न गिर गयी। भय्या के थप्पड़? भय्या! जिनके खौफ़ से सारा घर काँपता है, उनके गेंदा ने थप्पड़ मार दिया। मैं भागने के लिए तैयार हो गयी। मैंने सोचा अब भय्या ने उसका गला घोंटा और अब घोंटा। उन्होंने किचकिचाकर उसके दोनों हाथ पकड़ लिये और अपनी तरफ घसीट लिया। मैंने साँस रोक ली... मगर... अरे लो... मैं आश्चर्य और डर के मिले-जुले जज़्बात से टूट-फूटकर सरपट भागी और कमरूख के घने दरख्त के नीचे आकर दम लिया। मेरा कलेजा बल्लियों उछल रहा था। कानों में जैसे कोई इंजन चल रहा हो। बदन काँप रहा था। और ज़बान सूखी थी, मैं देर तक इसी तरह डरी बैठी थी।

आँखें बन्द करके सोचा और फिर आँखें फाड़-फाड़ कर सोचा। मगर खाक जो समझ में आया हो। आखिर मेरी समझ में इतनी ढेर सी बातें नहीं आतीं। खामोश और गरम दोपहर में मैं निढाल होकर अजीब-अजीब मुअम्मों से लड़ती रही। एक भी तो हल न हुआ। रोना आने लगा। जैसे किसी ने मुझे खूब ही तो मारा है।

गेंदा बरामदे में लपककर उतरी। मैं समझ गयी कि मेरे सवालों के जवाब वही दे सकती है। गेंदा मुझे कितनी बातें बताती थी।

"क्या हुआ?" मैंने बेचैनी से पूछा।

"कुछ नहीं।" वह मक्कारी से इतराई। मगर तुरन्त ही एक तन्हाई के स्थान पर बैठकर हम दोनों "अजीब-अजीब" बातें समझने की कोशिश करने लगे। गेंदा ने उफ़्ओ, कितनी बातें बतायीं।

"अरे, मगर आखिर क्यूँ?" मैंने सब कुछ सुनकर सोचा।

गेंदा कलफ़ चढ़ाने चली गयी और मैं फिर ऐसी बैठी रह गयी जैसे रास्ता खो दिया हो।

मैंने चाहा कि छोटी-छोटी कमरूखें बीनकर हार ही बनाऊँ या फिर इस नाली को पूरा कर लूँ जिसे मैंने कल पानी देने के लिए खोदा था। या फिर एक नज़र बालकमीरी की झाड़ी के नीचे ही डाल आऊँ या नहीं तो लाओ यही पता करूँ कि "तीतरनी" ने अण्डे कहाँ देने शुरू किये हैं। मगर नहीं मेरा तो दिल किसी बात में न लगा। न जाने क्यूँ मेरा हर खेल से जी उकता गया था और जी चाहता था चिपकी

आँखें बन्द किये हुए कोई सपना देखती रहूँ जिसमें कोई नन्ही-मुन्नी दुल्हन हो। और बस फिर उसी खयाल की दुनिया में खो जाऊँ, आखिर क्या करूँ। गेंदा को देखो! मगर मेरा मैं क्या करूँ। मेवा के पाँव की चाप सुनायी दी और मैं जैसे चौंक पड़ी, एक खयाल, एक उम्मीद की मिटी हुई सी झलक, और मैं ज़मीन पर दोनों हाथों से मुँह ढाँपकर औंधी लेट गयी।

" चच... चच हा।... बीबी ज़मीन पर?" "उठो, उठो!" उसने मुझे देख कर कहा।

मुझे ऐसा लगा जैसे कोई मुझे उठा रहा है और मैं नहीं उठती। मेरी पीठ में किसी ने गुदगुदी सी की... मगर... उँह...

"उठो नहीं तो कहता भय्या से कि कपड़े मैले कर रही हैं।" उसने धमकी दी और वैसा ही लट्ठ का लट्ठ दूर खड़ा रहा।

वह निहायत लापरवाही से बाँस की खपची छील रहा था। मगर इस अन्दाज़ से नहीं जैसे भय्या सर खुजा रहे थे।

"उठती हो कि सचमुच ही जाकर कह दूँ।" और वह चला शिकायत करने। ज़रा सोचिए मेरा कैसा जी जला।

"सुअर, तू कौन होता है। आं" मैंने चीख कर कहा और एक पत्थर कस के उसके घुटने पर खींच मारा।

"अरे हाय, ठहर जाओ कैसा पिटवाता हूँ, दोपहर या फिर घाम में घूमती हैं और रेता में लोटी लगाती हैं। जो कुछ कहो तो... ठहरो।" वह सी सी करता चला।

"यह कमबख़्त मेवाराम सदा का ठस है। क्या मजाल

जो मुझसे सीधे मुँह बात कर जाये। बड़ा वही तो है ना।" मैं ऐसी जली कि मोतिया की सारी कलमें जो उसने घण्टों की मेहनत के बाद लगायी थी एक एक करके खसूट डाली। "ऐसे इन्सान का यही इलाज है।" मैंने सोचा और बिसूरती हुई अन्दर भाग गयी।

(5)

कौन था। जो मुझसे हमदर्दी करता? भय्या ने तो कभी मुँह न लगाया। अम्मा ने कभी यह लाड़ ही न किया। नतीजा यह हुआ कि बला की ज़िद्दी हो गयीं तबियत में जो उलझन पैदा हो गयी तो सबसे बैर बाँध लिया।

बाजी जो अबकी आयीं तो उन्होंने मुझे अपने साथ ले जाने का इरादा किया क्यूँकि मैं दिन भर वाही-तबाही घूमती थी और लड़ती फिरती थी मुझे गेंदा के छूटने का बड़ा अफसोस था। मगर सफर की खुशी कुछ ऐसी सवार हुई कि सब कुछ भूल गयी।

गेंदा। भय्या। मेवा और सारी पुरानी बातें दो साल में सपना हो गयीं और जब मैं वापस आयी तो दुनिया ही बदल गयी थी। भय्या दिल्ली भेज दिये गये थे। उनके कमरे में मेहमान ठहरते थे। मेवाराम निमोनिया से मर गया था। क्यूँकि उसने अपनी मिट्टी से खेलने की आदत न छोड़ी और सर्दी लग गयी। आश्चर्य है कि मैं खुशी और हैरत से बेहोश न हो गयी। जब मैंने सुना कि गेंदा के बच्चा हुआ था। खुशी दिखाने पर मुझे डाँटा गया। मैं खाक समझी कि क्यूँ? हाँ इतना तो सुना।

"ऐ है बेहतरी तो उसने कोशिश की... मगर वह तो..." आगे मैंने नहीं सुना कि शेखानी ने क्या कहा।

"ऐ है वह तो मारे डालता था। बड़ी आफतें उठीं" बीवी ने कहा "मैंने तुरन्त उसे दिल्ली चलता किया। पढ़ने वाला बच्चा! यह नीच ज़ात कमीनियाँ शरीफों को यूँही..." और फिर बावजूद साँस रोक के सुनने कि मैं आगे न समझ सकी।

"गेंदा का बच्चा!" मैं बिस्तर पर लेटी रही बार-बार दोहराने लगी। मुझे हैरत पे हैरत थी। मगर यह बच्चा! ... आखिर क्यूँ?

"वह तो अगर सरकार को खबर हो जाती तो जाने क्या होता। इसीलिये तो मैंने उसे जल्दी से दफन किया" मुझे बीवी की आवाज़ फिर सुनायी दी।

अब मैं समझी, ओहो! मेरी नज़रों के सामने सारी गुज़री बातें सिनेमा की तस्वीर की तरह फिर गयीं और मेरा दिल बैठने लगा। लेकिन तुरन्त ही गेंदा के बच्चे को देखने के लिए में बेक़रार हो गयी। मेरी आँखों में नन्हा-नन्हा सा बच्चा फिरने लगा। जैसा हमने रेल में लाहौर जाते वक्त देखा था। ज़रा-सा बच्चा मगर कितना प्यारा। हमारे यहाँ तो कोई भी बच्चा नहीं। कोई बच्चा मेहमान भी नहीं आता। मुझे गेंदा के बच्चे पर प्यार आने लगा। अँधेरे में मुझे ऐसा महसूस हुआ जैसे किसी के नन्हे नन्हे हाथ मेरी ठोड़ी और गर्दन पर रेंग रहे हैं। मैं चिपकी लेटी रही कि कहीं वह छोटी-छोटी फरिश्तों जैसी उँगलियाँ मेरे मिलने-जुलने से भाग न जायें।

रात को ख्वाब में बच्चे ही बच्चे, सैकड़ों बच्चे अजीब-अजीब शक्लों के गेंदा की शक्ल के, मेरी शक्ल के। भय्या की शक्ल के, यहाँ तक कि मरे हुए मेवाराम की शक्ल के सैकड़ों बच्चे, कुलबुल करते। कुछ बे बालों के, कुछ बालोंदार, गोल-मटोल सर, ज़रा-ज़रा से हाथ रेत के बेशुमार ज़र्रों की तरह सारी कायना पर बिखरे हुए थे।

सुबह मैं छुपकर गेंदा के बच्चे को देखने चली ही गयी।

(6)

गेंदा अपनी कोठरी में दरवाज़े की तरफ पीठ किये झुकी कुछ कर रही थी, मेरे पैरों की चाप सुनकर वह चौंक पड़ी और डरकर मुझे देखने लगी और जल्दी से उसने अपने कपड़े समेट लिये मैंने सामने जाकर देखा तो एक बहुत छोटा-सा नंगा इन्सान उसके घुटने पर पड़ा हुआ अपना कुलैहया-सा मुँह फाड़ रहा था।

"उई कितना मुन्ना-सा है।" मैंने उसके पास उकड़ूँ बैठते हुए कहा।

गेंदा कितनी दुबली हो गयी थी जैसे लकड़ी। वह कुछ घबरायी हुई थी। उसने मेरी तरफ से मुँह फ़ेर लिया।

"हाय। जान है तेरा बच्चा तो।" मैंने खुशी से चीखकर कहा। और ज़मीन पर बैठ गयी। जी चाहा गेंदा और उसके बच्चे को उठाकर कलेजे से लगा लूँ। मुझे न जाने क्यूँ रोना आने लगा।

"ज़रा मुझे दे गेंदा" मैंने हाथ बढाकर कहा। मगर वह

खामोश बैठी अपने आँसू पोंछती रही।

"अरे रो रही है तू, एक तो इतना गपड्डू बच्चा है और फिर रो रही है ला मुझे दे।"

वह सर झुकाये मुँह पोंछती रही और बच्चे को हुआ तक नहीं। मैंने चाहा बच्चे को गोद में ले लूँ। इ ई वह तो ऐसा गिलगिला जैसे गोश्त की बोटी। और किसी तरह न उठा।

"उँह गेंदी, ज़रा उठा दे।" मैंने पुराने खुशमदाना लहजे में कहा।

गेंदा ने मुझे ध्यान से देखा। जैसे वह मेरी आँखों में कुछ तलाश कर रही हो। शायद जो कुछ वह ढूँढ़ रही थी उसे मिल गया और उसने ऐसी आसानी से बच्चे को उठाकर मुझे दे दिया कि मैं हैरान रह गयी। जैसे रूई का गाह। हल्का-फुल्का दुबला सा बच्चा।

मैं उसे टाट पर लिये बैठी रही और गेंदा ने मुझे लाखों-करोडों अजीब-अजीब बातें बतायीं। किस तरह वह महीनों मारी गयी। चौदह-पन्द्रह बरस की गेंदा खुद भी बहुत सी बातें नहीं समझती थी। मुझे कैसे बताती। हम दोनों "क्यूँ", "कैसे" और "अरे" पर आकर रुक जाते।

जब बहू के काला-कलूटा बच्चा हुआ था। जो कुछ दिन बाद मर गया तो कैसे गाने-बजाने हुए थे। बहू को मनों घी और गुड़ ठुँसाया गया। और अब जो गेंदा का इतना गोरा सा बच्चा हुआ तो कुछ भी नहीं। गेंदा पिटी और भूखी रखी गयी और मरते-मरते बची। तब यह नन्हा सा "लल्लू" आया। लल्लू के पास दो ही कुरते थे। ठण्ड में मरा जाता

था। रात भर रोता था। बहू उसे हर वक्त कोसती थी कि मर जाये तो छूटटी हो जाये। गेंदा ने चुपके से लल्लू के पैर में काला डोरा भी बाँध दिया था कि कहीं उसे नज़र न लगे। उसने साफ-साफ एतराफ कर लिया कि लल्लू दुनिया भर में सबसे अधिक प्यारा है और हाँ मैं भी और भय्या भी। भय्या के नाम पर उसकी आँखें अपनी पुरानी रोशनी से चमकने लगीं और वह उनका बराबर ज़िकर करती रही।

"वह अब छुट्टियों में भी नहीं आते?"

"हाँ अब आयेंगे। पारसाल मसूरी चले गये थे।" मैंने बच्चे की उँगलियाँ गिनते हुए कहा।

"तुम उन्हें चिट्ठी लिखोगी। क्यूँ बीबी?" उसने शौक़ से पूछा।

"हाँ-हाँ" मैंने ज़ोर से सर हिलाया।

"हाँ तो लिख देना कि लल्लू तुम्हें बहुत बहुत सलाम कहता है और बहुत ही याद करता है।"

"अच्छा।" मैंने कहा। असल में लल्लू चूँ भी नहीं करना जानता था।

"और यह भी लिखना कि उसके लिए अबकी लाल बनियाइन लायें। जैसी बसन्ती का छोरा पहने है।"

"और... यह कि!" उसने शौक़ भरी नज़रों से आसमान की तरफ देखते हुए कहा।

"अबकी बार छुट्टियों में दो-चार दिन के लिए ज़रूर आना।" जैसे वह किसी से विनती कर रही हो। और वह हल्के से हँस दी। वह न जाने क्या बकती रही और मैं लल्लू के बालों में खेलती रही।

“देख... देख गेंदा कैसे चचौड़ रहा है...आ आ” मैंने उँगली में गुदगुदी महसूस करके कहा।

“भूखा है।”

गेंदा शरमा गयी।

“ले भई। नहीं रो देगा फिर।”

गेंदा ने अपने दुबले-पतले हाथों से बच्चे को उठा लिया और थोड़ी ही देर में उसे कलेजे से चिमटा लिया और साड़ी में मुँह छुपाकर हँसती रही।

मैं बड़े शौक़ से नन्हे लल्लू के पतले-पतले होठों को देखती रही और वह लम्बी-लम्बी सांसों से दूध पीता रहा। नन्ही-सी माँ फूहड़पने से उसे सँभाल रही थी।

आधी औरत आधा ख़्वाब

औरत... औरत... औरत...

बुरी, अच्छी, बेवफा, बावफा ऐसी, वैसी और ख़ुदा मालूम कैसी-कैसी।

हर मुल्क और हर ज़माने में बड़े-बड़े चिन्तकों ने औरत के बारे में कोई न कोई राय ज़रूर कायम की है, कोई साहब उसके हुस्न पर ज़ोर दे रहे हैं तो कोई उसकी पारसाई और नेक सीरती पर मुसिर हैं, एक साहब का खयाल है कि "खुदा के बाद औरत का मर्तबा है" तो दूसरे साहब उसे "शैतान की ख़ाला" बनाने पर तुले हुए हैं।

एक साहब फरमाते हैं "एक धोखेबाज़ मर्द से एक धोखेबाज़ औरत अधिक खतरनाक होती है।" जैसे कोई यह कहे कि काले मर्द से एक काली औरत अधिक काली होती है। कितनी शानदार बात कही है कि बस झूम उठने को जी चाहता है और अगर मैं ख़ुद औरत न होती और उनकी बात ने मुझे बौखला न दिया होता तो कहने वाले का मुँह चूम लेती। मुसीबत तो यह है कि इन नामाकूल बातों ने सिट्टी गुम कर रखी है।

और मज़े की बात तो यह है कि जितना मर्दों ने औरत को समझने का दावा किया है उतना औरतों ने मर्दों के सम्बन्ध में कभी ऐसी बात अपनी अक़्ल से नहीं बनायी।

मर्दों ने कहा : ''मर्द ज़ालिम होता है।'' वह चुप-चाप ज़ुल्म सहने लगीं।

मर्दों ने कहा : ''औरत डरपोक होती है।'' वह चुहिया तक से डरने लगीं।

फिर फरमाया : ''वक़्त पड़े तो औरत जान पर खेल जाती है।'' बस फट से जान पर खेल गयीं।

माँ की ममता का सारी दुनिया ढोल पीटती है। बाप की बापता का रोना कोई नहीं रोता। औरत की इज़्ज़त लुट सकती है, मर्द की नहीं लुटती, शायद मर्द की इज़्ज़त भी नहीं होती, जो लूटी-खसोटी जा सके, औरत के हरामी-हलाली बच्चा होता है। मर्द के कुछ भी नहीं होता।

सदियों से औरत के सर ऐसे ऊटपटाँग इल्ज़ाम थोपकर चिन्तक ऐसे बौखलाने की कोशिश करते आये हैं, या तो वह उसे आसमान पर चढ़ा देते हैं या उसे कीचड़ में पटक देते हैं। मगर दोस्त और साथी कहते शरमाते हैं।

समझ में नहीं आता कि यह अहसास कमतरी है या मुग़ालता। आखिर उन्हें औरत की बराबरी से क्यूँ डर लगता है। वह भी तो इन्सान होती है। उसे बराबर बिठाते क्यूँ घबराहट होती है। सबको पता है कि औरत माँ, बेटी, बीवी और बहन ही बन सकती है। बाप, बेटा, मियाँ और भाई नहीं बन सकती, फिर क्यूँ बार-बार कहते हैं कि वह इसीलिए पैदा हुई है। क्या औरत को इतना भी पता नहीं कि वह औरत है जो मुसलसल उसे बताया जा रहा है?

औरत बेवा हो जाती है तो उसकी चूड़ियाँ तोड़ देते हैं। मर्द की घड़ी या ऐनक या हुक्का तोड़ने का कभी किसी को

खयाल न आया। बेवा लिबास में भी परिवर्तन करने पर मजबूर होती है। रंगा दुपट्टा या हाथों में चूड़ियाँ डाल ले तो लोगों के कलेजे फट जायें, मर्द वही सूट, बूट, अचकन, अँगरखा डाले फिरता है... कैसी बेरहमी है कि दिखावे के लिए भी सोग नहीं मनाता। औरतों को जैसे पतियों का ग़म होता है। बहुत-सी औरतों और मर्दों को नहीं होता। मगर औरतों को ढोंग रचाना पड़ता है।

एक साहब कहते हैं कि "औरत की शान यही है कि दुनिया उससे नाआश्ना(अनजान) हो। पति की मुहब्बत उसका बेशकीमती खजाना होता है और उसका छोटा-सा परिवार उसकी दुनिया।"

"क्यूँ साहब अगर किसी औरत की शोहरत होती है तो आपके हिस्से की शोहरत तो नहीं छीनती। अल्लाह की देन है। इसमें आपको क्यूँ तकलीफ होती है? क्या छिछोरापन है। औरत हो या मर्द, अगर दुनिया में कुछ कर जाये तो किसी की शान को बट्टा कैसे लग जायेगा। मर्द की शोहरत से मर्द की इ़ज़्ज़त नहीं घटती तो औरत की शोहरत से क्यूँ उसकी बड़ाई को घुन लग जायेगा।

बीवी जाहिल हो तो कोई बात नहीं। मियाँ बीवी से कम पढ़ा-लिखा हो तो बस अन्धेर हो जायेगा। क्यूँकि किसी बड़े की बात पर आँच आ जाती है, ड़ाक्टर नायडू को जब "मिसेज़ सरोजनी नायडू के पति" कहा जाता था तो बहुत खिसियाने हो जाते थे। दुनिया में करोड़ों औरतें अपने शौहर की बीवी बनकर मज़े से रहती हैं उन्हें अहसासे कमतरी नहीं होता, मर्द के कान में पैदा होते ही फूँक दिया

जाता है कि वह बरतर है और उसकी मासूमियत देखिए कि वह यक़ीन कर लेता है कि वह दुनिया की लायक़ तरीन औरत से बुलंद है। केवल इसलिए कि वह मर्द है। फिर जब उसे अपने से अधिक शिक्षित और अक़्लमन्द औरत मिलती है तो वह उससे नफ़रत करता है। क्यूँकि उस वक़्त वह खुद को धोखा नहीं दे सकता। क्या मेरा बावर्ची केवल इसलिए मैडम क्यूरी से बरतर हो सकता कि मर्द की नसल से है जिसे आम तौर से औरत से बुलंद समझा गया है? मगर यक़ीन न आये तो अपने बावर्ची या धोबी से पूछ लिजिए। यही कहेगा, औरत कभी मर्द की बराबरी नहीं कर सकती!

एक और साहब कहते हैं : "जब बच्चा पहली बार माँ की छाती से दूध पीता है, तो वह मुसर्रत के मारे लाल होकर काँपने लगती है।"

औरतों ने तुरन्त ताड़ लिया होगा कि फरमाने वाले साहब मर्द हैं। और उन्होंने जो कुछ लिखा है, सुनी-सुनायी है। उन्होंने खुद कभी किसी बच्चे को दूध नहीं पिलाया। और नहीं जानते कि बच्चा पहली बार दूध पीता है तो कितनी तकलीफ होती है। माँ जो लाल पड़कर काँपी होगी वह मुहब्बत और राहत की कम्पन नहीं होगी। दर्द से रंग बदल गया होगा।

यह मैं इसलिए कह रही हूँ कि मर्द खामखाह उलटे-सीधे वाक्य ठोंकते रहते हैं। इतना भी नहीं सोचते। अब औरतें भी बक़ौल उनके निरी औरतें नहीं रहीं। बहुत कुछ जानकारियाँ प्राप्त करने लगी हैं। अब इस प्रकार के घिसे-पिटे जुमलों से झांसे में नहीं आयेंगी। सीधी-सादी तमीज़ की बात कीजिए।

औरतों को औरतों से अधिक समझने का दावा न कीजिए तो अच्छा है। मुफ्त में पोल खुलेगा। बड़ाई छोटाई के झगड़ों में पड़कर समय बर्बाद करने की आपको फुर्सत कहाँ मिल गयी। श्रेणी और रंग और नस्ल का फर्क बड़ी तेज़ी से मिट रहा है। दुनिया बड़ी तेजी से कारोबारी मैदान में बढ़ रही है। अब काम करने वालों की माँग बढ़ रही है। हर डिपार्टमेन्ट में औरतों को हाथ बँटाना पड रहा है।

पश्चिमी औरत हज़ारों प्रकार की घरेलू मशीनों के बावजूद रोज़ी कमाने पर मजबूर है। इसलिए घरेलू कामों और बच्चे पालने में मर्द को बराबर सहायता करनी पड़ती है अगर बीवी रकाबियाँ धोती है तो मियाँ झाड़ू देता है। बीवी बिछौने लगाती है। तो मियाँ बच्चे को दूध की बोतल तैयार करके पिलाता है। दोनों मिलकर नाश्ता और खाना बनाते हैं। बच्चों को तैयार करते हैं। फिर खुद काम पर जाते हैं। जो औरत काम पर नहीं जाती। वह खाली बैठ गप्पें नहीं मारती, धुलाई करती है, इस्तरी करती है और घर का सौदा लाती है। वक़्त बच जाता है इसलिए पार्टटाइम काम भी करती है। इस पर भी यह हाल है कि मुश्किल से पूरा पड़ता है।

मगर हमारे यहाँ के मर्द लम्बे-चौड़े वाक्यों के लट्ठ लिये औरतों को हाँके जा रहे हैं। चाहे कितनी तंगी हो, बीवी घर की ज़ीनत बनी बैठी रहे, मियाँ चर्खा हो जायेंगे मगर नाक सलामत रहे। बीवी औरतपन का पिटारा सँभाले बैठी रहें, चाहे बच्चों को फीस न लाने पर शर्मिन्दगी उठानी पड़े। बनिया कर्ज़ माँग-माँग कर मियाँ का नातिक़ा बन्द कर

दे, मगर क्यूँकि बड़े कह मरे थे कि "औरत की दुनिया उसका घर है।" तो बस औरतें लकीर की फक़ीर बनी घर का घर वा करती रहेंगी।

सबसे अधिक आप्त वचन औरत की पारसाई और पाकीज़गी के बारे में कहे गये हैं।

फरमाते हैं कि : "औरत को क़ुदरत ने कुछ इस प्रकार से बनाया है कि वह केवल एक से मुहब्बत करती है और उसी पर क़ुर्बान हो जाती है।

और मर्द?

मर्द की खसलत में नयापन है। वह हर दम नयी औरत की तरफ प्रवृत्त (मुतवज्जे) होता है।"

क्यूँ हज़रत! यह खबर आपको किसने दी? औरत की खसलत भी आपके मतलब के मुताबिक ढाल ली गयी, ताकि आप इतमीनान से खसलत के सर पर इल्ज़ाम थोपकर रंडीबाज़ी करें, और बीवी के पैरों में उसी की बेड़ियाँ डाल दें कि वह खिलाफे क़ुदरत बात करे पड़ोसी से दीदे न लड़ाने लगे और इस तरह अपनी मृदुलता न खो बैठे और तो और क़ुदरत को भी मर्द इस साज़िश में घसीट लाये। हालाँकि यह चाल कभी कामयाब न साबित हुई। औरतों ने आँख लड़ाना चाही तो मर्दों को पता भी न चला। वह यही समझते रहे औरतें नेक हैं। यह उनकी खसलत है। फिर क्या डर है। मगर कोई उनसे पूछे आपसे किसने कहा कि औरत एक बार मुहब्बत करती है?

यह सब ढकोसले की बातें हैं। ज़माना बदल रहा है, और इन मकूलों(मजहबी वाक्यों) से रोके रुकने वाला नहीं

है। ज़िन्दगियाँ अच्छे या बुरे रुख बदलकर रहेंगी चाहे हम कितना मातिम करें। सर धुनें। हालात औरत को घर में सकून से नहीं बैठने देंगे। हमें सोचना चाहिए कि जब मजबूरन हम अपनी बहिन, बेटी, माँ और बीवी को मर्दों के साथ-साथ काम करने पर भेजने के लिए मजबूर हो जायेंगे तो हमें उनको किस प्रकार की शिक्षा देनी चाहिये। हम उन्हें उन पर शर्म व हया को बाकी रखने की और हर वक्त औरतपन के अहसास में गर्क़ रहने की तलक़ीन करें, या यह समझायें कि जब काम पर जाओ तो अपनी निसवानियत और नाज़-नखरे साथ मत ले जाओ। वहाँ निसवानियत के बलबूते पर नहीं अपनी मेहनत से अपना काम करो, बेहतर है कि तुम्हारे साथ काम करने वाले यह महसूस न करें कि तुम औरत हो। बल्कि तुम्हें अपना साथी समझकर काम से काम रखें। आखिर को वह मर्द हैं, तुम औरत हो। उसे जानबूझकर न जताओ ताकि तुम दोनों का सुकून जमा रहे और एक दूसरे की तरफ ध्यान देने के बजाय काम की तरफ लगो।

पश्चिमी देशों में औरतें मर्दों के साथ काम करती हैं, मगर ज़रूरत से अधिक अपने औरतपन का ढोल पीटती हैं। घड़ी-घड़ी मेकअप करती हैं, बाल संवारती हैं, और डेट यानी निमन्त्रण प्राप्त करने के लिए वह तमाम नाज़ अन्दाज़ प्रयोग करती हैं, जो अखबारों और रिसालों के द्वारा उन तक पहुँचते हैं। वहाँ के रिसालों में हज़ारों प्रकार के सामानों और खुशबू में केवल मर्द को फाँसने के फन्दे बताये जाते हैं। वहाँ की औरत के दिल में भी यही बिठा दिया है कि उनकी

ज़िन्दगी का केवल एक ही मक़सद है कि उन्हें कोई चाहे। उनसे शादी करके बच्चे बख़्शे। मगर कितनी लड़कियाँ हैं जो रिसालों के बताये हुए नुस्खे प्रयोग करके ज़िन्दगी के इन सपनों को सच कर लेती हैं। अधिकतर तो ऐसी होती हैं कि मर्दों को बहकाती हैं और खुद उनका शिकार हो जाती हैं। और सारी उमर परियों के राजकुमार की प्रतीक्षा में बिता देती हैं। जिस मुल्क की औरतें इतनी बुरे खयाल और नामुराद हों, वहाँ के बच्चे क्यूँ न टेड़ी बनेंगे, और बच्चियाँ क्यूँ न अपनी औरतपन का रोब जमायेंगी।

मैंने रूस में औरतों को हर डिपार्टमेंट में काम करते देखा। किसी के मुँह पर न मेकअप था और न ही बाल बने हुए थे। अधिकतर बिलकुल मर्दों की तरह वर्दियाँ पहने थीं कि पहचानना मुश्किल था। बिलकुल मर्द लग रही थीं। मुझे यह बात बड़ी खराब लगी कि यह औरतपन का खून हो रहा था।

मैंने पूछा तो हमारी साथी ने बताया कि "हम नहीं चाहते कि यहाँ काम के वक्त कोई औरतपन या मर्दानगी का दिखावा करे।"

क्यूँ? तब तो यह मशीन बन जायेंगी?"

"तो और अच्छा है... आप क्या मशीन को कोई कमतर समझती हैं?... हाथों की बनाई मशीन पत्थर से छीले हुए बुत से कुछ कम मुक़द्दस है और अगर वह पत्थर हमारी सुनता है तो यह मशीनें भी हमारी अन्नदाता हैं। हमें गायें बैल से अधिक प्यारी हैं क्यूँकि उन्हें हमने खुद बड़ी मुहब्बत से बनाया है अब अगर हम उन जैसे हो जायें और इतनी ही

शराफत और ईमानदारी से काम करें तो हमारी ज़िन्दगी का मकसद पूरा हो जाये। इन मशीनों में औरतें हैं और न मर्द। ऐसे ही उनके चलाने वालों की भी कोई ज़रूरत नहीं। सब मज़दूर हैं सब मशीनें।..."

मगर रात को खाने के समय मैंने देखा। इन मशीनों में जान पड़ गयी थी। और ज़िन्दगी और इन्सानियत का हक़ भरपूर अदा हो रहा था।

कारखाने में कहीं लोहा गलाने की मशीन थी। कहीं ढालने की, कहीं माशा थीं तो कहीं नताशा थीं, एक तरफ पुर्ज़े ढालने की मशीनें थीं तो दूसरी तरफ यूरी था और दीरा थी।

मगर बोलशेविक थियेटर में यूरी का बाज़ू नादिया की कमर की गिर्द था और नताशा रोमेनोफ के दिल में अपनी नशीली आँखों के तीर उतारने में लगी थी। औरत अगर मौका देखकर औरतपन दिखाये तो सजता है। यह क्या कि कॉलेजों, दफ्तरों और डिपार्टमेंट में औरतपन का पोटला समेटे चली जा रही हैं।

जब यह पता है कि आज नहीं तो कल औरतों को मर्दों ही के साथ काम करना है तो हमें यह वाक्य भूलकर नये वाक्य बनाने पड़ेंगे।

(1) कॉलेज और स्कूल में तुम न माँ हो न बेटी हो, न माशूका, केवल विद्यार्थी हो और शेष प्रोफेसर और छात्र हैं।

(2) दफ्तरों में तुम न मुहब्बत में बावफा हो न बेवफा। सीधी तरह काम करो और नखरे भूल जाओ।

(3) तुम्हारे चारों तरफ जो लोग भी बैठते हैं। सब

इन्सान हैं, न मर्द हैं न औरतें। अफसर हैं या क्लर्क, यह मेज़ है यह कुर्सी और चपरासी। तुम न कमज़ोर हो न ताक़तवर, न नाजुक नस्ल से न कठोर नस्ल से। तुम्हारा काम वही काम है जिसके लिए तनखाह लेते हो। जब तक काम न बदल लो तुम्हें क़ुदरत ने इसी काम के लिये पैदा किया है। यहाँ पति या पत्नी फाँसने नहीं केवल काम करने आये हो। जिस्मानी या दिमाग़ी शक्ति या कमज़ोरी से लाभ उठाओ न किसी का नुकसान करो।

(4) केवल शादी ही तुम्हारी मंज़िल नहीं। क्यूँकि शादी कर लेना मंज़िल पर पहुँचना नहीं। इसे निभाना असल लम्बी सड़क है।

मगर गुरुदेव कहते हैं "ऐ औरत, तू आधी औरत है आधा ख़्वाब!"

किसी ने उनकी बेगम से राय ली होती तो शायद यह कहतीं कि गुरुदेव खुद पूरे के पूरे सपना थे और सपनों की बेहद खूबसूरत ताबीर(स्वप्न फल) भी!

मगर "औरतें पैग़म्बर नहीं होतीं"... "औरतें नबी नहीं होतीं"... "औरतें मजज़ूब(रूहानी फक़ीर) नहीं होतीं।"

तो फिर कोई उठकर क्यूँ नहीं कहता कि "औरतें औरतें नहीं होतीं!"

उर्फ यह बच्चे

मैंने सजे-सजाये कमरे पर एक आलोचनात्मक दृष्टि डाली और ज़रा परे हटकर एक चौकी पर बैठ गयी जिसे मैंने चादर भढ़कर निहायत फैशने एबल 'दीवान' में बदल दिया था। वह एक कुशन इधर-उधर किये और पर्दों की चुन्नट को फिर सँवारा। आरामकुर्सियों को ज़रा पूरब की खिड़की की ओर सरकाया और मेज़पोश के कोने ज़रा और नीचे खींच दिये। अब मिस फिलिप नहीं उनके फरिश्ते भी बेकहे सुनते आ धमकते तो मुझे डर न था। दुपट्टा उतारकर कुर्सी के हत्थे पर डाल दिया और रिसालों के अम्बार में से कुरेदकर एक मोटी सी सचित्र पत्रिका निकाल ली और पलंग पर लेट गयी। माधुरी की दिलकश आँखें... देविका रानी का छल्लोंदार जोडा। मिसिज़ सरोजनी नायडू का शानदार बाज़ू और हिटलर की दिलफरेब मूँछें। नींद के कारण थोड़ी धुँधली-धुँधली नज़र आने लगीं। मैंने जमाही को रोक कर उन पाँच तमाम बच्चों के चौखूँटे चेहरों को देखा जो डिब्बों की तरह एक लाइन में सजे थे।

"पाँच!" मैंने चपटी नाकों को छँगुलिया से गिनते हुए सोचा "एकदम" दूसरा खयाल आया। "शाबाश है बच्ची तेरे जोड़े पर। तेर ही ताक़त थी। कोई और होती तो साँस भी न लेती। पाँच पूरे पाँच! ताज्जुब है।"

क़ुदरत से भूल हो गयी। कुछ हाथ बहक गया। सुनते हैं एक भैंस के कबूतर के बच्चे पैदा हुए। क्या खबर बहन सुनते हैं यह आँखों के नूर, दिल के सुरूर कुछ इस शान से आ रहे हैं। भई बच्चों के दम से ही घर की रौनक़ है। दरवाज़े में बेतुकी सी खुसर-पुसर हुई और मुझे चौंकना पड़ा। जब से चन्नू की कुतिया ने बच्चे दिये थे। हमें ज़रा हुशियार रहना पड़ता था। घर के हर कोने में मोटे-मोटे पिल्ले कूँ-कूँ करते फिरते थे। नाक में दम था। कभी बर्तनों की डलिया में सो रहे हैं तो कभी सिल पर मस्तियाँ की जा रही हैं, तो कभी मैले कपड़ों में कुश्ती हो रही है तो कभी कुछ! मैंने धीरे से दुलाई में मुँह छुपा लिया और धीरे-धीरे झुककर जूता उठा ले गयी कि बस आते ही दूँ एक कस के। दरवाज़ा खुला। पर्दा हिला। मैंने जूते को ज़रा ज़ोर से दाबा। अरे मीनू! खैर हो गयी वरना लेने के देने पड़ जाते। जूता छोड़ कर मैं वापस लेट गयी। मीनू जिसे मैंने सुबह ही बहुत मुश्किल से कमरे से निकाला था फिर आ गयी। लेकिन खैर क्या हर्ज है। हर्ज ही क्या है। जाग तो रही हूँ। कुछ बिगाड़ेगी तो देखा जायेगा। वह आगे बढ़कर कुर्सी की आड़ में आ गयी। कमरे में सन्नाटा था। नींद ने फिर आना शुरू किया। एक बच्चे की मौजूदगी में नींद आने का कोई सवाल ही न था। भला कोई कैसे सो सकता है वह भी हैं अल्लाह की प्यारी बन्दियाँ जो कलेजे से बच्चों को चिमटाकर बेफिकर सो सकती हैं। नींद तो सूली पर भी सुनते हैं आ ही जाती है। खामोशी बराबर तारी रही। नींद का नशा बढ़कर बेफिकरी में डूब गया।

अजीब तिलस्मी आहट से मेरी आँख खुली। "अरे" यक़ीन करिये मेरी घिग्धी बँध गयी, एक साया जो किसी तरह भी एक बड़ी लोमड़ी से ऊँचा न होगा। मेरे सिरहाने चारों हाथ-पाँव के बल एक हैरतअंगेज़ क़लाबाज़ी खाने को तैयार था मेरी हैरत से उछलने पर वह एकदम पलटी कि उसकी कीचड़ में लुथड़ी हुई टाँगें भीगे जूतों के मेरे मुँह और तकिये पर पड़ीं।

"इ ही ही" वह हँसी।

"ला हौल बिला कूव्वत" मैं भी कुछ डरपोक हूँ। मैंने सोचा।

"उँ हूँ। उतर नीचे" मैंने कीचड़-पानी और साबुन से लुथड़ी हुई बच्ची को नीचे धकेलकर उतारा। ज़रा हवास दुरुस्त होने पर कुछ अजीब किस्म की पाउडर साबुन मंजन और दूसरी ऐसी चीजों की बू, कीचड़ की सोंधी खुशबू में मिलकर खुशबू फैलाने लगी।

और यह घटना थी कि सिंगार मेज़ पानीपत का मैदान बनी हुई थी। करीमोज़न! वह हैरतअंगेज़ क्रीम जिसे हब्शी प्रयोग करे तो तीन दिन खूब गोरा हो जाये, जो मैंने ढाई रुपये खर्च करके सप्लाई कम्पनी से दो रोज़ हुए मँगवायी थी जिसे मैं मारे कंजूसी के केवल गालों और नाक पर चिपड़ लिया करती थी। निहायत दरियादिली से आईना, मेज़ और खुद मीनू की थूथनी पर लिपटी हुई थी। दाँतों के चौदह आने वाले ब्रुर्श से बूट पॉलिश की शीशी की निचली तह निकालकर कंघे और ब्रुर्श पर पोती गयी थी। 'कोटी' का बेहतरीन रंग वाला पाउडर मेज़ के ऊपर चारों तरफ छिड़का

गया था। क्यूटिक्स की दोनों शीशियाँ कोहनियों तक मीनू पर रोग़न करने में खाली की जा चुकी थीं लेकिन जिस चीज़ ने मेरा खून खुश्क कर दिया वह मेरा खूबसूरत 'डिचज़स्ट' था जिसे मैंने लाहौर की नुमाइश में साढ़े पाँच रुपये में खरीदा था और आज ही मिस फिलिप के सम्मान में बिछा दिया था। साबुन और उबटनों में लिथुड़ा हुआ नहाने की चौकी पर रखा हुआ था।

समझ में न आया क्या करूँ। मीनू मेरी नज़रें भाँप गयी और चली कतराती हुई।

"ठहर तो सुअरिया। चली कहाँ" मैंने दाँत भींचकर उसे हाथ से पकड़ कर घुमा डाला और एक मेज़ पर बिठा दिया जिसका मेज़पोश वह पहले ही बाल्टी में भिगो आयी थी।

"आँ... छोड़िये" वह इतराकर तुतलायी।

"हूँ!" मैंने मेज़ पर से यह मोटा सा रूल उठाकर उसे धमकाया। "बोल अब।"

"आँ... हम अम्मी से कह देंगे" वह मचलने लगी।

"देखो तो तेरी अम्मी को" मैंने उसे गाल पकड़कर खींचा।

"दवामी... देखिये। आँ हट" मैंने घूँसा दिया।

"दवामी...इ...इ...इ...देखो मार रईं हैं" वह कुछ और वसूल करने से पहले ही चिल्लायी।

"भई क्या आफत है। क्यूँ खाये लेते हो मेरी बच्ची को" दवामी कहीं से चिल्लाई।

ऐ है बस आग ही तो लग गयी। अबकी जो वह

डकराई तो नंगे पैर केवल पेटीकोट पहने वह अम्मी साहिबा सोते से भाग आयीं।

"सब ही मेरी बच्ची को मारते हैं। हटो भी।" वह भिनभिनायी।

"हूँ और यह तुम्हारी मनहूस बच्ची चाहे किसी को क़त्ल कर डाले कुछ नहीं।" मैंने कहा।

"वाह मेरी बच्ची क्यूँ होती। आखिर बात भी तो हो कुछ।"

"यह... यह कुछ बात ही नहीं... बात ही न हुई... यह देखो... यह देखो।" मैंने इशारे से उन्हें वह दर्दनाक मंज़र दिखाया।

"उई" वह मुसर्रत को दबाकर बोलीं "ए वक्त की नज़ाकत देखकर हँसने से बाज़ रहें। जब कोई किसी का नुकसान कर दे बड़े अब्बा फिसलकर गिर पड़ें। किसी के भिड़ें लिपट जायें या उनका बच्चा कुछ बिगाड़ दे तो दवामी को हँसी का दौरा पड़ जाता है वह अपनी नाक पर आँचल रखकर लोट-लोट होती हैं। यही हुआ कि वह खिलखिलायीं और मैं सुलगी।

मैं आगे बढ़ी।

"ऐ है तो क्या इस डण्डे से मारोगी" वह काले रूल को देखकर काँपा।

"हाँ! और जब टूट जायेगा तो मसहरी का बाँस ले लेंगे।" मैंने खबर दी।

"ऐ चलो भी दीवानी हुई हो। लाओ मेरी बच्ची को। मैं नहलाऊँ। वह आगे बढ़कर कहने लगीं।

“अब एकदम ही आखिरी दफा नहला लेना।” मैंने रूल हिलाया।

“उसके दुश्मन नहायें आखिरी दफा। चलो छोड़ो।” उन्होंने इसका हाथ पकड़ लिया और खींचा।

“जी नहीं आज उस पर ठीक तरह मार पड़ेगी।”

“भला मारने से क्या होगा।” दवामी चेहरे पर भोलापन लाकर बोली।

“हमारा कलेजा ठण्डा होगा।”

“खाक पड़े तुम्हारे कलेजे पर बच्ची को मारने से ठण्डा होगा” वह बिगड़ी।

और हम दोनों मीनू को हवा में लटकाकर अपनी-अपनी तरफ तानने लगे। वह बोली “चीं।”

“ऐ छोड़ो मेरी लौंडिया का हाथ उतर जायेगा” वो गुर्रायीं।

“मेरी बला से हाथ टूट जाये। फिर तो यह मेरे कमरे में न आयेगी।” मैंने झिंझोड़ा।

“ऐ बनो मत तुम, दाम ले लेना कितने की थीं तुम्हारी चीजें?”

“कितने की थीं तुम्हारी चीजें?” मैंने जलकर मुँह चिढ़ाया कितने की भी थीं। हम दाम नहीं लेते। हम तो आज उसे जी भर के धुनेंगे। यह आती ही क्यूँ है यहाँ?”

अल्लाह अब छोड़ोगी भी। चलो अब तुम्हारे कमरे में थूके भी नहीं और भई कह तो दिया दाम ले लो और क्या करूँ” दुल्हन भाभी लाचारी पर उतर आयीं।

“दाम ले लो। तुम यह बके जा रही हो। यह नहीं

देखतीं उसने कैसा सत्यानाश किया है मेरे कमरे का'' मैंने नर्म होकर कहा।

''अच्छा भई अब नहीं करेगी। अबकी आ जाये तो जी चाहे जितना मार लेना। बस!''

''अच्छा अबकी तो मुलज़िमा तुम्हारी ज़मानत पर छोड़ी जाती है अगर इसका चाल-चलन...''

''ज़रा होश में। वाह बड़ी आयीं मेरी बच्ची के चाल-चलन को कहने वाली। उई टूटा मेरी बच्ची का कल्ला(जबड़ा)'' उन्होंने उसके गाल मेरी पकड़ से घसीटकर छुड़ा लिया।

''अब कभी नहीं आयेगी वह।'' उन्होंने जाते हुए कहा।

''हम कभी नहीं आयेंगे।'' मीनू शेर हो गयी।

''ठहर तो जा'' मैंने रुल लेकर धमकाया और भागीं दोनों बेहयाई से हँसती हुई।

उफ़ यह बच्चे! भला कोई काहे को सुघड़ापा दिखाये और कैसे? जिस उजड़े घर में कुछ नहीं तो डेढ़ दर्जन बच्चे मौजूद हों कैसे कुछ करे, लोग कहने को तो हो जायेंगे कि उई ज़रा पढ़ी-लिखी लड़कियों की हालत तो देखो।

कहो भला नसीबों जली पढ़ी-लिखी क्या करे। बच्चे से बच्चे हैं घर में। खुदा झूठ न बुलाये, डेढ़ दर्जन से क्या कम होंगे। हर क़ौम और कबीले की शक्ल के काले-पीले, कत्थई, दुबले, पतले, भेंगे और चपटे। हर साल दो की बढ़ोतरी। एक से एक नित नये फर्मों में ढलकर आ रहा है, अभी तो खैर है दो भाई कुंवारे हैं वरना पिताजी का नाम वह

चलता कि क्या कहने... एकदम मेरी नज़र उन पाँच इन्सानी कीड़ों पर पड़ी। अगर ऐसी ही... कुछ मिलती-जुलती भूल क़ुदरत से यहाँ हो जाये। ख़ुद मेरे खानदान में? मुझे पीठ पर कनखजूरे रेंगते हुए महसूस हुए। वैसे ही मैंने क़लम तकिये के नीचे से निकाला कि इनके यूँ ही सियाही से दाढ़ियाँ लगा दूँ... यूँ ही जलकर मैंने चाहा अरे! जैसे किसी ने धम से मेरे कलेजे पर मूसल दे मारा। मेरा कलम? सब्ज़ और काही ऐवर शार्प अनब्रेकेबल। उसका निब पीछे की जानिब ऐसे झुका हुआ था जैसे क़लाबाज़ी लगाने से पहले नट अपने कूल्हों पर हाथ रख कर ऐड़ियों से सर लगा देता। जी चाहा। बस क्या करूँ? भूतकाल की एक ही यादगार। भूले हुए सपनों की मिटती हुई ताबीर(स्वप्न फल)। किसी का इकलौता तोहफा। पलंग की पट्टी पर बेदर्दी से मोड़ा गया था।

"या अल्लाह! कोई रास्ता बचाओ का? मैं अन्धों की तरह इस मज़लूम को टटोलती रही। घर क्या है चौराहा है जो चीज़ देखो तबाह हुई जाती है। जिधर देखो दो-चार बड़े बोल रहे हैं। चार पलंगों पर उछल रहे हैं। दो किवाड़ों में झूल रहे हैं। तीन पंखों में लटक रहे हैं। दो ने नल पर नहाना शुरू कर दिया। दो-चार बाँस के घोड़े बनाये लुटेरों की तरह सारे सहन में खड़खड़ाते फिर रहे हैं। वह घड़ा उलटा। यह सीनी पलटी। वह दुपट्टा उलझ के चला कीचड़ में लिथुड़ा हुआ। दो-तीन बिलकुल आपकी पीठ के पीछे गुत्थम-गुत्था हो रहे हैं और मूसल जैसी टाँगें गुदगुदा कर कमर और सर पर पड़ रही हैं। या अल्लाह! मुझे जैसे चक्कर-सा आने

लगा। एक-दो हों तो भुगते कोई। जो मारो तो फरमाया जाता है। "ऐ है कैसी बेदर्दी से मारती है इसे अपना खून!"

अपना खून! खूब! दस बच्चों की माँ की औलाद होने की यही सज़ा है घर क्या है। मोहल्ला है। मर्ज़ फैले वबा आये। दुनिया के बच्चे पटापट मरें। मगर क्या मजाल जो यहाँ एक भी टस से मस हो जाये। हर साल माशाअल्लाह घर अस्पताल बन जाता है। पतीलियों में साबूदाना पक रहा है। सेरों कुनैन आ रही है। फोड़े-फुन्सी के ज़माने में मरहम का खर्च दाल-रोटी से अधिक। जिस कोने में देखो पड़े फाये और मरहम की डिब्बियाँ चिपचिपा रही हैं। टाँगें सड़ रही हैं। बुखार चढ़ रहे हैं, लेने के देने पड़े हुए हैं और यह लीजिये बीमारी गयी और वह चिड़ियों की तरह फुरेरी लेकर खड़े हो गये। फिर ऐसा पलच-पलच कर खाया कि चार दिन में फिर हमारे सीने पर कद्दू दलने के लिए वही कसी हुई नदी और मुगदर जैसी टाँगें। सुनते हैं। दुनिया में बच्चे भी मरा करते हैं मरते होंगे। क्या खबर!

बस अब सिवाय उसके कोई चारा नहीं कि दुनिया से मुँह मोड़कर अलग-थलग पड़ रहूँ। और हाँ नहीं तो आज ही से लो। मीनू तो वादा ही कर गयी है कि अब कभी न आयेगी। रहे मक्खन तो उन्हें भी आज ही धुत्कार दिया जायेगा। बस हो चुकी दिल्लगी तज्जू भी टरका दिये जायेंगे और चरवाचरूमुर्दी को तो बस ढील ही नहीं दूँगी। न मुँह लगाऊँगी। न यह चाहेंगे। आखिर कोई सबर की हद होती है।

"देखो... देखो... अब मैं कहती हूँ चुन्नी से" पास के कमरे से आवाज़ आयी।

"क्या कहती हो चुन्नी से" मैंने फिर खयालात के सिलसिले को जोड़ा। जब सरोकार भी हो उसे।

"हाय चुन्नी यह कुर्ता नहीं पहनती। इसे आके मार तो।" फिर किसी ने कहा।

"वह आयी... देख आ गयी चुन्नी... ले इसे मार। कुर्ता पहनो फिर।" वही आवाज़ बढ़ी आगे।

"भाड़ में जाये कुर्ता और चूल्हे में जाये चुन्नी। हाँ नहीं तो। चुन्नी न हो गयी उनकी ज़रखरीद लौंडी हो गयी कि उससे "बी शादी" और "बतवे" की ख़िदमत भी ली जाने लगी। ख़ुदा की शान।" मैं बड़बड़ाती रही।

"लो बस अब जाओ। दिखाओ फूफीजान को।" फिर बोलीं।

पड़ी थी मुझे क्या गर्ज़। मैंने अहद (प्रतिज्ञा) भी ठीक समय पर किया... मगर हिम्मत तो देखो अभी-अभी माँ-बेटियाँ कान पकड़कर न आने का वादा कर गयी हैं और दस मिनट भी न बीते इस बे-तकल्लुफी से आने को तैयार। खैर।

मैं बेरुखी से पीठ मोड़कर आरामकुर्सी पर लेट गयी और उन पाँचों माँ बच्चों के बे-रौनक़ मक्कार चेहरे देखने लगी।

"पड़-पड़" छोटे-छोटे पैर कमरे की तरफ आते सुनाई दिये। पाँचों मोटे बनिये जैसे चेहरों ने शरारत से आँख मारी। उँह!

"देखिये फूफी जान।" मीनू ने अपनी चमकीली आँखों के वह तमाम बरसाकर कहा जिनका जादू वह खूब जानती है।

दूसरे पल वह जूतों सहित मेरी गर्दन पर सवार थी।

"हमारी फ्राक!" उसने मेरी गर्दन में घुटना अड़ाकर नाक पर राल टपकाते हुए कहा। "देखिये।"

"उफ़ यह बच्चे!!!"

मैंने चाकलेट का ताज़ा बण्डल खोलते हुए कहा!

अल्लाह का फज़ल

"बहन खुदा का वास्ता बताइए क्या करूँ" सकीना बहन ने आँखों में आँसू भरकर कहा।

"भई मेरी तो यही राय है कि फरहत को तलाक दिलवा दें।"

"है है तलाक।" वह लरज उठी। "आज तक खानदान में तलाक नहीं हुई। फिर दूसरी बेटी रज़िया छाती पर बैठी हुई नाक कट जायेगी। फिर उसे कौन पूछेगा। ऐसी प्यारी बेटियाँ हैं, लेकिन वर नहीं जुड़ते।" वर का अर्थ केवल तन्दुरुस्त कबूल सूरत नौजवान ही नहीं। वर के लिए लाज़मी है कि वह भारी तनखाह पाता हो और अच्छे खाते-पीते खानदान का हो। कुछ आगे-पीछे काम आये। वैसे मर्द ज़ात की कमी नहीं।" बड़ी बेटी के लिए कुएँ में बाँस डाले तब कहीं जाके लड़का मिला। लड़का माशाअल्लाह से साठ-पैंसठ का हो, एक बीवी और चार लड़कियाँ हैं पर बेटा नहीं... बेटे के लिए फरहत से शादी की थी सो उसके नसीब पर पत्थर पड़ गये। छठा साल चल रहा है। बेटा छोड़ बेटी ही नसीबों जली हो जाती। फल तो लगता, लेकिन वहाँ भूले को दिन भी न चढ़े। तावीज़ गण्डों के फेर में न पड़िये, अच्छे डॉक्टर को दिखाइए।

"डॉक्टर से डॉक्टर दिखाये। सब यही कहते हैं लड़की

में ऐब नहीं। बस बहन अल्लाह का फ़ज़ल है। हुआ न हुआ तो इसमें किसका दख़ल?''

''शायद इमदाद में ही कुछ ऐब हो गया हो।''

''नहीं बहन मर्द ज़ात में कहाँ ऐब होता है। लोग उकसा रहे हैं कि तीसरी शादी करो। उन्हें क्या कमी है लड़कियों की। अच्छे-अच्छे लोग बेटियाँ थाल में सजा कर देने को तैयार हैं।''

फरहत मुझे एक दिन मिली थी। अच्छी चिकनी-चुपड़ी रस रखी हुई है। गोरा-चिट्टा रंग, हँसती हुई सूरत, भरा-भरा जिस्म, अम्मा को बेटी का घर बिगड़ने का ग़म खाये जाता है। लेकिन खुद फरहत के दिल पर कुछ असर नहीं। शक्ल से बाईस तेईस की होगी। अभी थोड़े ही दिन से उन लोगों से मेल-जोल बढ़ गया था। इसी रोड पर उनका चार कमरों का फ्लैट है। बड़ी आन-बान से सजा हुआ... पहली बीवी खार में अपने बाबा के साथ रहती है। यह फ्लैट खास तौर पर फरहत के लिए लिया है। लेकिन उसके नाम नहीं करते।

''ग़ारत कीजिए इमदाद मियाँ... फरहत को हज़ारों लड़के मिल जायेंगे! मुझे अनवर का खयाल आया वह उन दिनों मेरे साथ ही रहता था।'' साढ़े पाँच सौ मिलते हैं। तरक्क़ी हो जायेगी।'' उस दिन फरहत की नज़रें बार-बार अनवर पर उचट रही थीं। सकीना बहन बड़ी मेहरबान नज़र आ रही थीं।

मैंने उनसे ज़िक्र किया तो खुल गयीं।

''ऐ है ऐसा हो जाये तो क्या कहिए हैं! माशाअल्लाह क्या चाँद सूरज की जोड़ी रहेगी।''

"आप तलाक दिलवा दीजिए बस आगे मेरा ज़िम्मा!" मैंने वादा किया।

मगर अनवर बिदक गया।

"भई मैं इस चक्कर में नहीं पड़ूँगा।"

"क्यूँ बेवक़ूफ इतनी अच्छी लड़की है!"

"तलाक के बाद..."

"मगर बढ़िया, बड़ी काइयाँ है।"

"अरे बेचारी बहुत सीधी है।"

मगर अनवर बेचारे की एक न चली। उधर सकीना बहन इधर से मैंने वह हाँका डाला कि बदहवास कर दिया। घेर-घेर के हम दोनों उन्हें एक दूसरे से टकराते। बड़ी बड़ी तरकीबें चलके उन्हें अकेला छोड़के सरक जाते। सकीना बेगम आँखों में आँसू भरतीं और शुक्रिया अदा करतीं।

या तो अनवर पुट्ठे पर हाथ न रखने देता था। या अब यह हालत हो गयी है जैसे भूत सवार हो गया हो। सरपैर का होश न रहा। फरहत ने शादी की थी मुहब्बत नहीं की थी। अनवर की मुहब्बत ने उसे एक नयी ज़िन्दगी बख़्श दी। अनवर को सकीना की सूरत से नफरत थी। मगर फिर तो वह उनपर भी गर्वीदा (आसक्त) हो गया। वह भैया पर सदकेवारी जाती। उसके बग़ैर उनके हलक़ से निवाला न उतरता। मेरी अहमियत बिलकुल खत्म हो गयी। शादी से पहले ही अनवर ससुराल का हो रहा। रात के दो-दो बजे तक वहीं घुसा रहता, या फरहत आ जाती और दोनों कमरे में बन्द ठिठोल किया करते। मैं अपने काम के सिलसिले में कुछ दिन के लिए पूना चली गयी। वहाँ से लौटी तो पता

चला मेरे पीछे फरहत मुस्तकिल तौर पर घर में रही, कभी-कभार अपने घर चली जाती। अब तो शक की कोई गुंज़ाइश नहीं रही थी कि दोनों की मुहब्बत बुलंदियों पर पहुँच चुकी है।

"आप कुछ कर रही हैं?" मैंने सकीना से पूछा। पहले तो टालती रहीं फिर बोलीं।

"हाँ! अहमदाबाद के एक स्वामीजी ने बूटी दी है।"

"अरे हटाओ स्वामीजी को... यह लोग पाखण्डी होते हैं। तलाक के बारे में क्या कर रही हैं?"

"इस मनहूस तलाक के नाम से मुझे हौल(भय) आता है।"

"लेकिन आखिर होगा क्या?"

"अल्लाह अपना फज़ल करेगा।"

"उँह... अल्लाह खाक अपना फज़ल करेगा। सर पकड़े रोयेंगी आप! एक जवान लड़का और लड़की का यूँ दिन-रात मिलना..."

"क्यूँ? क्या हुआ? क्या तुम से फरहत ने कुछ कहा?" चौंक पड़ीं।

"नहीं, फरहत ने कुछ नहीं कहा, मगर मेरे क्या आँखें नहीं हैं?" मैं बहुत देर तक उन्हें ऊँच-नीच समझाती रही। वह बहुत दुखी सर झुकाये न जाने क्या सोचती रहीं।

"स्वामी जी ने सात पुडियाँ दी हैं। हर मंगलवार को एक पुडिया पान या गर्म दूध के साथ?"

"फरहत को दी हैं?"

"नहीं इमदाद मियाँ को!"

"इमदाद मियाँ को...?" मैं जल के रह गयी। "सात पुडिया क्या, उन्हें सात ऐटम-बम भी निगला दिये जायें तो कुछ न होगा। क्या इमदाद मियाँ आते हैं?"

"हाँ हर मंगलवार को आते हैं। नहा धोकर दो रकअत शुक्राना की नमाज़ पढ के गर्म दूध के साथ..."

"और भी? यानी हद होगयी... यह आप क्या कर रही हैं?"

"ए बहन तो वह इसका शौहर..."

"मगर... अनवर और इमदाद में... यानी... यह क्या हो रहा है?" मेरी समझ में नहीं आ रहा था कि कैसे बताऊँ। क्या यह कमबख़्त अन्धी है? मगर मेरी हिम्मत न पड़ी।

"अगले मंगलवार को चौथी पुड़िया हो जायेगी" वह न जाने क्या सोच रही थी। "स्वामीजी कहते हैं कि अल्लाह ने चाहा तो पाँचवीं पुड़िया..."

"सकीना बहन अल्लाह के वास्ते यह मज़ाक़ अच्छा नहीं। अब फरहत की तलाक के लिए कुछ कीजिए। और कमबख़्त इमदाद मियाँ से मेहर धरवा लीजिए।" मैंने सोचा, अनवर और फरहत अलग फ्लैट लेकर ज़िन्दगी बड़े मज़े से शुरू कर सकेंगे।

"मेहर...?" सकीना बी भौंचक्की रह गयीं।

"कितना है मेहर?"

"ख़ाक भी नहीं। अब आपसे क्या छुपाना। पचपन हज़ार था तो दस हज़ार सरफराज़ मियाँ लेके विलायत चले गये। ऐसे सिधारे हैं कि पलटने का नाम ही नहीं लेते। वहीं मैम से शादी कर ली, एक बच्ची भी हो गयी।

सरफराज़ मियाँ सकीना के बड़े बेटे के एक दोस्त के द्वारा राहत का रिश्ता हुआ था। उम्र अधिक थी इमदाद मियाँ की। मगर बेटे के भविष्य का प्रश्न था।" किसी क़ाबिल होकर आ गया तो खानदान की गिरी हुई हालत सँभल जायेगी। सो वह पलटे ही नहीं, उलटे छः हज़ार और मँगा लिये किराये के नाम से। इमदाद मियाँ पक्के बनिये निकले। सब मेहर के हिसाब में लिखवा लिया।"

"मगर यह तो हुए सोलाह हज़ार। बाकी...?"

"वर्ली पर फ्लैट है... वह रज़िया के नाम है। मैंने कहा कुछ तो हो नेक बख़्त के लिए। आजकल के लड़के मुँह फाड़ के दौड़ते हैं।"

मुझे फरहत पर बहुत तरस आने लगा। भाई के भविष्य और बहन की शादी के लिए उसकी ज़िन्दगी मिट्टी में मिला दी। ऐसी माँ और नायिका में क्या फरक है? और इसीलिए सकीना बेगम तलाक से बौखलायी जाती हैं।

"बहन अगर इमदाद ने और शादी कर ली तो हम लोग कहीं के न रहेंगे। कैसे-कैसे मैंने चिल्ले खींचे हैं, वज़ीफे पढ़े हैं, मिन्नतें मानी हैं। जभी तो शादी नहीं की। वरना लोग तो उन्हें खूब भड़का रहे हैं।"

मुझे वहशत होने लगी। कितनी बेवकूफ है यह औरत! कुछ समझती ही नहीं। अगर कोई ऐसी-वैसी बात हो गयी तो क्या होगा?"

"देखिए आप फिक्र न कीजिए। आप अनवर और फरहत के साथ रहेंगी। रज़िया की बगैर फ्लैट के भी अच्छी जगह शादी हो जायेगी। आप तलाक की फिक्र कीजिए।

उसने हूँ हाँ करके टाल दिया।

और वही हुआ जिसका मुझे डर था। दो-चार दिन से अनवर कुछ बौखलाये से फिर रहे थे। फरहत भी कुछ वीरान सी नज़र आ रही थी। मैंने पूछा "क्या झगडा हो गया।" तो दोनों घबरा गये।

रात को अजब धमाचौकड़ी-सी अनवर के कमरे में मची हुई थी। अन्दर से फरहत के रोने की आवाज़ आ रही थी। मैंने दरवाज़ा खटखटाया।

"अन्दर आईए!" वह मुझे हाथ पकड़कर ले गया। "इस बेवकूफ को समझाइए।"

"क्या हुआ...?"

"आन्टी...!" वह मेरे पैरों से लिपट गयी।

"यह खिड़की से कूदकर..." अनवर बुरी तरह लरज़ रहा था।

"पागल हुई हो?" मैंने उसका आँसुओं से भीगा चेहरा ऊपर उठाया। "सब ठीक हो जायेगा। यूँ रो-रो कर हलकान होने से फायदा? तलाक के बाद...?" "हाय आन्टी जी! अम्मी तलाक के नाम पर मुँह पीटे लेती हैं। कहती हैं संखिया खा लूँगी!"

"अम्मी कमबख़्त का तो कलेजा पिघल गया है, तुम खुद बालिग़ हो तलाक ले सकती हो..." और फिर ऐसे हालात में तो... वह राज़ी हो जायेंगी।"

"नहीं आन्टी जी, वह... वह नहीं मानेंगी। हाय मर जाऊँ।"

"मर जाओगी मगर अपने हक़ के लिए ज़रा अपनी

अम्मी से मुक़ाबला नहीं कर सकतीं।"

उनका रोना नहीं देखा जाता, कल उन्हें बड़े ज़ोर का दौरा पड़ा। दाँत भिंच गये। बस इतनी सी बात हुई थी कि मैंने कहा। उन्हें मना कर दो मंगलवार को न आयें, मैं उनकी सूरत नहीं देखना चाहती। मुझे घिन आती है। हाय आन्टी आप को क्या बताऊँ, वह तो आदमी नहीं कुत्ता है।" मुँह ढक के वह फिर सिसकियाँ लेने लगी।

"नहीं जब उन्हें असलियत का पता चलेगा तो दिमाग़ दुरुस्त हो जायेगा। इसके सिवा चारा ही क्या है? मैं सुबह जाकर उनसे सब कुछ कह दूँगी और आठ दिन के अन्दर तलाक..."

"तलाक तो वह मर के भी न लेने देंगी। वैसे ही हर वक्त कहती हैं तू खानदान का नाम उछालेगी। तेरा क्या है? दूसरा खसम कर, फिर तीसरा कर।"

मैंने उसे समझाया, यक़ीन दिलाया, उसकी ढारस बँध गयी और थोड़ी ही देर में मुस्कुराने लगी। रोई रोई शक्ल हँसी कुछ ऐसी प्यारी लग रही थी कि अनवर की नीली-नीली आँखें उसके चेहरे पर झुक गयीं।

मैं उन दोनों को छोड़कर अपने कमरे में आ गयी। सोने की कोशिश की मगर नींद उड़ गयी। अगर इमदाद मियाँ को पता चल गया तो ग़ज़ब हो जायेगा। अनवर मिलिट्री में है। कमबख़्त का कोर्टमार्शल हो जायेगा। इमदाद की पहली बीवी तो उधार खाये बैठी हैं। सकीना बेगम और फरहत की धज्जियाँ उड़ा देंगी। डरती-डरती मैं सुबह उनके पास पहुँची। हमेशा की तरह वह फिक्रमन्द बैठी थीं। मैंने बड़ी

इन्सानियत से फरहत की बपता सुनाई। क़समें खाकर यक़ीन दिलाया कि अनवर दग़ा न देगा। वह तो उस पर जान छिड़कता है! मैं चोर सी गुमसुम रह गयी। सकीना बेगम के कलेजे पर जैसे मशीनगन की बाढ़ चल गयी। पागलों की तरह हँसी और फिर बच्चों की तरह रोने लगीं। सूखे पत्ते की तरह उनका जिस्म काँपा और वह वहीं ढेर हो गयीं। मेरे हाथ-पैर फूल गये। रज़िया कॉलेज जा चुकी थी, फरहत अपने कमरे में बैठी काँप रही थी। उन्होंने किसी को कोसा न पीटा, न मेरे मुँह पर थूका कि मेरे भाई ने उनका नसीब फोड़ दिया।

"आप इसी वक्त वकील के पास चलिए और फरहत को मैं अपनी बहन के पास देहली भेजे देती हूँ। इमदाद पर हर तरह का दबाव डाला जायेगा। आप फ़िक्र न कीजिए।"

उनके चेहरे पर हवाइयाँ उड रही थीं। सर झुकाये बैठी रहीं।

"वकील? उन्होंने अहमक़ों की तरह कहा। "हाँ। मगर इस वक्त... मैं फिर आप को फोन करूँगी। अल्लाह आप को खुश रखे उन्होंने आँखें बन्द कर लीं।

वापस आकर मैं फोन के इन्तज़ार में बदहवास रही। कहीं दोनों माँ-बेटी ज़हर खाकर न सो रहें। सारी उमर तोहमत चढ़ जाएगी। मुझे क्या पता था कि हालात यूँ पलटा खायेंगे।

अनवर का अजीब हाल था कहते हैं मर्द बेवफा होते हैं औरत को मुसीबत में फँसाकर रफूचक्कर हो जाते हैं मगर अनवर की तो जान निकली जा रही थी। शाम तक

इन्तज़ार किया मगर फोन न आया। झख मारकर मैंने फोन किया तो जवाब न मिला। जब बहुत ही बेचैन हो गया तो मैंने अनवर को भेजा।

अनवर वापस लौटा तो सूरत देखकर मेरा दम निकल गया।

"क्या कहा?"

"घर में कोई नहीं। ताला पडा है। गोरखे से पूछा। मालूम हुआ सब गये!"

"कहाँ गये?"

"कुछ पता नहीं!"

रात अंगारों पर कटी। अनवर पागलों की तरह दुनिया भर को फोन करता रहा। इमदाद मियाँ की ससुराल को फोन किया। पता चला कहीं गये हैं, कुछ मालूम नहीं। शायद दरसोदा के फ्लैट में होंगे।

अनवर दीवानों की तरह दरसोदा भागा। मैंने बहुत रोका लेकिन उस पर भूत सवार था।

वहाँ एक नौकर था। उसने कहा, खार गये होंगे या चर्च गेट। एक अड्डा पीडर रोड पर भी था। वहाँ भी न मिले। तीन-चार दिन गुज़र गये तब मालूम हुआ कहीं बाहर गये हैं ऑफिस को पता होगा। मनहूस के तीन-चार ऑफिस थे कहीं न मालूम हो सका कि कहाँ मर गये।

छठे-सातवें दिन एक लिफाफा मिला। मैला-कुचैला फटा हुआ लिखा था।

"खुदा के वास्ते मुझे बचाओ। इस जहन्नुम से निकालो। मेरी जान पर ऐसा पहरा है कि साँस लेना मुश्किल है।

अल्लाह मेरी जान पर रहम करो!

(फरहत)

खत पढ़कर तो और सूली सवार हो गयी। मिटी-मिटी मोहर से पता चला खत बेगम पीठ से डाक में डाला गया था। उसका मतलब है कि वह हैदराबाद गयी होंगी।

कौन बचाये कैसे बचाये? अनवर दीवानों की तरह हैदराबाद भागा। इधर-उधर सर मार के लौट आया। कुछ पता न चला।

क्या दिल पर वहशत थी। अब भी सोचती हूँ तो फुरेरियाँ आने लगती हैं। अनवर को किन मुसीबतों से सँभाला है कि बस मैं ही जानती हूँ। इस गुनाह में मेरी मदद भी शामिल थी। मेरे दामन पर भी बेगुनाहों के खून के धब्बे थे। इसी साल अनवर का तबादला देहली की तरफ हो गया। मेरी जान छूटी! इस घटना को कितने ही साल बीत गये। अनवर को सबर आ गया। चाँद सी दुल्हन और बच्चों ने सब कुछ भुला दिया।

मैं मार्क एण्ड इस्पन्सरे से निकल रही थी और वह दाखिल हो रही थीं, टक्कर होते-होते बची। थोड़ी देर हम अहमक़ों की तरह एक दूसरे को देखते रहे।

"बहन आप!" वह समूर का कोट पहने मुझसे लिपट गयीं। "अल्लाह कितने साल हो गये।"

"सकीना बहन! मेरा हलक़ खुश्क हो गया।

"सरफराज़ मियाँ के यहाँ ठहरी हुई हूँ। उन्होंने तो पलटने का नाम नहीं लिया। मैंने कहा चलो मैं ही नाक

नीची करके मिल आऊँ। इस बहाने विलायत की सैर भी हो जायेगी अल्लाह-अल्लाह क्या जन्नत बनायी है इन फिरंगियों ने।" वह इटली, फ्रांस और स्विट्ज़रलैण्ड के किस्से सुनाने लगीं।

उनकी सूरत पर एक दम इत्मीनान और जवानी पड़ी थी, पहले से भारी भरकम लग रही थीं। किसी अच्छे हेयर सैलून से बाल बनवाये थे। वह हेरान-परेशान सकीना सूखी डाल से एकदम लहलहाता चमन बन गयी थी।

"फरहत कैसी है? मैंने ज़रा तकल्लुफ महसूस किया।

"अल्लाह के फज़ल से बहुत खुश हैं मियाँ-बीवी। नादिर मियाँ भी खैर से स्कूल जाते हैं। नाज़िम आबाद में क्या लक-दक कोठी है टी. वी. है क्या प्यारी सूरत है नादिर की। बना-बनाया बाप है।"

"बाप!" मैं उलझन में पड़ गयी।

"जी हाँ, वही चिट्टा रंग और नीली आँखें?"

"इमदाद मियाँ की नीली आँखें?"

"ए हे आप तो ऐसे बन रही हैं जैसे..." वह ढिठाई से खिलखिलाईं और जल्दी-जल्दी सामान ट्राली में रखने लगीं।

"और वह सात पुड़िया?" मैंने कुरेदा।

"अल्लाह क़सम आपको एक-एक बात याद रहती है। पूरे चार हज़ार दिये थे स्वामी को।"

"पुड़ियों के या तरकीब के?"

"वह निगोड़ा तो कुछ ऊल-फूल बके था।"

"यानी अपनी खिदमत पेश कर रहा था?"

"जी और दस हज़ार माँग रहा था मगर नेक बख़्त की

सूरत देखे बुखार चढ़े था।" वह बड़बड़ाई।

"इमदाद मियाँ को शक तो नहीं हुआ है?"

"ऐ हटाइये भी... दुनिया जहाँ के मर्द जो अपनी औलाद पर शक करने लगीं तो... बस अब जाने भी दीजिए। अपनी अक़्ल अपनी गिरह में होती हैं तो मेरी मासूम बच्ची पर इल्ज़ाम न थोपते अपने बूढ़े गिरहबान में भी एक बार झाँक कर देखते ऐ मिट्टी डालिए इन बातों पर दम टूटता है मेरा।

"अनवर बेचारा बहुत तड़पा, आप लोगों ने सूरत भी न दिखायी बेटे की" मैंने चुटकी ली।

बस जाने दीजिए। यह जो गली-गली बच्चे टपकाते फिरते हैं तब कलेजा नहीं फटता। जीता रे अल्लाह उसे दर्जनों बच्चे दे" वह अनवर को दुआएँ देने लगीं।

मैंने उनकी बेशक़ीमत समूर को देखा और चाटना सिल्क के स्कॉर्फ को फिर खयालों में नाज़िम आबाद में फैली हुई कोठी का रक़बा नापा। बटुए में से छलकते नोट, हरे-हरे पौण्डों की गड्डी देखी और मुझे बहुत घुटन होने लगी। मैं क्यूँ चोर बनी बैठी थी। फरहत की गोद भरने में मेरी हमदर्दियाँ भी तो शामिल थीं। और अनवर कितना बुद्धू था। बरसों ज़मीर की मलामतें सहता रहा। जिसे वह अपनी नादानी में बडा गुनाह समझे बैठा था वह तो ऐन सवाब था।

अपना खून

समझ में नहीं आता, इस कहानी को कहाँ से शुरू करूँ?

वहाँ से जब छिम्मी भूले से अपनी कुंवारी माँ के पेट में चली आयी थी और चार चोट की मार खाने के बाद भी ढिठाई से अपने आसन पर जमी हुई थी और उसकी मैया ने उसे इस दुनिया में लाने के बाद उपलों के तले दबाते-दबाते ममता की अनजानी सी कील कलेजे में चुभने पर छाती से लगा लिया था।

या वहाँ से जब छिम्मी की माँ को जुम्मन मुर्दार खोर ब्याह कर ले गया था। क्यूँकि तले ऊपर उसकी तीन-चार बीवियाँ ठिकाने लग चुकी थीं और उसकी अन्धी माँ की देखभाल के लिए उसके तीनों लड़के बहुत छोटे थे और उस वक़्त छिम्मी भी अपनी हर्राफा माँ के साथ टीन की संदूकची और मुरमुरों की पोटली के साथ बैलगाड़ी में धरी जुम्मन के गाँव पहुँच गयी थी... बिलकुल उसी तरह जैसे वह एक दिन अपनी अल्हड़ माँ की कोख में पहुँच गयी थी।

"अरी नामुराद तूने खानम साहब को मुजरा किया कि नहीं? गुल बदन बोली।

यूँ तो कहानी वहाँ से भी शुरू की जा सकती है जहाँ लगान न देने के कारण नायब के जूतों की तड़तड़ाहट से जुम्मन का ज्वार-बाजरे से बना हुआ ऊदा ऊदा ख़ून नाक

के रास्ते निकल रहा था और कोई रास्ता न पाकर उसने तेरह बरस की छिम्मी को उसकी माँ का लहँगा पहनाकर सोलह बरस की औरत बनाने में कामयाबी हासिल कर ली थी और फिर नायब के जूते तड़तड़ाना बन्द हो गये थे और छिम्मी महल के ज़नाना शागिर्द पेशे में यूँ पहुँच गयी थी जैसे वह हमेशा वहाँ पहुँचने की आदी थी।

नहीं! शागिर्द पेशे में तो कहानी बिलकुल उथल-पुथल होने लगी थी। दूसरी बाँदियों ने उसका लहँगा उठा-उठा कर उसका खूब खेल बनाया था। जैसे पिंजरे में नयी चिड़िया डाल दी जाये तो सारी चिड़ियाँ उस पर टूट पड़ती हैं। उसी तरह छिम्मी पर ठूंगों की बौछार होने लगी...मगर छिम्मी फूलों की सेज पर तो पली न थी जो चुटकियों, तमांचों को खातिर में लाती। और न लहँगा उठ जाने से उसकी शान में कोई बट्टा लग जाने का खतरा था। लहँगे से उसे यूँ भी कोई खास दिलचस्पी न थी। अभी चन्द साल पहले तक वह केवल मेले-ठेले के मौक़े पर घग्धरिया पहनती थी, जो लौटते वक्त उतरवा ली जाती थी कि कहीं कीचड़े-धूल में सत्यानाश न लग जाये, उसका रोज़ाना का लिबास चन्द चीथड़े थे। जिन्हें वह लँगोट की तरह कसके बाँध लिया करती थी। माँ के घेरदार लहँगे से उसे बिलकुल दिलचस्पी न थी। फिर नेफे में लम्बी जूएँ अलग खसूट रही थीं। जब लौंडियाँ हँसते-हँसते थक गयीं तो नयी शरारतें शुरू कीं।

"सलाम क्या था। यह मुज़रा?"

नौबहार तो ज़मीन पर लोटन कबूतर बन गयी। "अरी सलाम नहीं मुजरा। अभी तक नहीं क्या तो बस समझ ले

तेरी खैर नहीं। देख पहले खानम साहब के सामने जाके तीन बार ख़ूब झुक कर सलाम कर... ऐसे" शब्बो ने सलाम करके बताया "समझी?"

छिम्मी ने मन-भर की मुन्डी हिला दी।

"हाँ, और देख फिर निहायत अदब से लहँगा उठा देना..." सनोबर खिलखिलाने लगी।

"चुप रहो गधियो! हँसने की क्या बात है जी!"

"और देख, मुर्दे शोनी हँसना नहीं, वरना यह समझ ले चौकी तले गाड़ देंगी।"

छिम्मी समझ गयी।

ज़मुर्दी खानम, लौंड़ियों की दरोग़न, अस्र की नमाज़ पढ़कर मुसल्ले पर बैठी हज़ारदाना पढ़ रही थीं। हूर का खयाल दिमाग़ में रचा हुआ था। निगाहों में पवित्रता और चेहरे पर धड़ियों नूर बरस रहा था। जब महल में दाखिल हुई थीं तो बड़े नवाब की जवानी थी, वह भी छिम्मी की उम्र की थीं। यूँ गोश्त का पहाड़ थोड़ा ही थीं। छिम्मी ने सलाम किया तो वह लोक-परलोक के खयालात में ही खोई थीं मगर लहँगा उठा तो चौदह तबक़ रौशन हो गये। एक धमाके के साथ वह बंजर ज़मीन पर आ रहीं।

कहानी यहाँ बिलकुल दूसरा ही पलटा खा सकती थी। शायद छिम्मी फिर जुम्मन के सर पर पटख दी जाती, जहाँ फिर जूते मँडलाने लगते और ऊदा ख़ून बहने लगता। मगर ऐसा हुआ नहीं। कीचड़ में सच्चा मोती रल रहा हो तो जौहरी की आँख धोखा नहीं खाती। छिम्मी की मैल जमी टाँगों से रोंगटे देखकर ज़मुर्दी खानम ने भाँप लिया कि मोती

कीचड़ में सना हुआ है। उन्होंने इशारे से छिम्मी को पास बुला लिया।

लौंडियों, बाँदियों की घिग्घी बँध गयी... अब खानम झुक कर सलीम की शाही जूती उठायेंगी और फुटकी-फुटकी करके छिम्मी का भेजा दालान दर दालान छिटक जायेगा। नहीं... शायद बैठे-बैठे उसके पेट में लात मारेंगी। खानम की लात में अरबी घोड़ी जैसा झन्नाटा था, लतीफ़ा के पेडू पर यही घोड़ी की लात पड़ी थी जो खून के इतने दस्त आये कि वह चल दी अल्लाह मियाँ के हाँ।

मगर खानम साहब ने न अरबी घोड़ी वाली दोलत्ती झाड़ी, न जूती सलीम शाही सँभाली। वह काली टाँगों पर सोने के तारों की नक्क़ाशी देख-देख कर मुस्कुरा रही थीं। फिर उन्होंने उसे सब जगह से नापा-टटोला। सब कुछ जमा-जोड़ कर तेरहवें साल की रक़म का हिसाब लगा। जवाब? लाजवाब!

खानम के हाथों से न जाने कितनी बाँदियाँ काट-छाँट के बाद हुस्न और जवानी के मुरके(चित्रावली) बनकर नवाब साहब की सेज को गरमा चुकी थीं। क्या निगाह पायी थी, पेट की लौंडिया को भी नाप-तौल कर चुटकी बजाते में भाँप लेती थीं कि कोख में पद्मिनी बिराज रही है या कोई चुड़ैल पैर पसार रही है। नाप-तौल के ही तो औरत बनती है। कूल्हे, कमर, सीना, बाज़ू, पिंडलियाँ, रानें, गर्दन।

हुस्न के मुक़ाबलों में जैसे पोर-पोर नापी जाती है, बिलकुल उसी तरह खानम की निगाहों का फीता काम करता था।

हाँ। अब यहाँ से असल कहानी शुरू हुई। खानम साहब ने नूरन दाई को तलब किया। उसे लेबोरेट्री अर्थात् हम्माम तैयार करने का हुक्म दिया। पहला हंगामा तो छिम्मी के जूओं भरे सर ने खड़ा कर दिया। उसका इलाज तुरन्त क़ैंची से कर दिया गया। छोटे बाल करने के बाद भी जड़ों से चिमटी जूएं बिलकुल छिम्मी की तरह सख़्त जान साबित हुईं। धो-पटक कर छिम्मी चटाई पर फैला दी गयी। आँखें और नाक के नथुने छोड़कर उसके बदन पर कत्थई रंग का मसाला थोप दिया गया। फिर उसे खोलते हुए पानी से धोया गया। उसके बाद कोई दूसरा लेप चढ़ाया गया।

छिम्मी चुपचाप सिसकियाँ लेती रही... खानम साहब उसके कोफते पका रही हैं, मसाला लगाकर छोड़ देंगी, फिर उसे सीखों पर चढ़ाकर अँगीठी पर सेंका जायेगा, फिर कुत्तों को खिलाया जायेगा, हफ्ता भर छिम्मी धुलती रही छनती रही। उसकी नस-नस फोड़े की तरह टपकती रही। दो दिन बुखार भी चढ़ा। फिर लेप खत्म होकर मरहम चुपड़े जाने लगे और छिम्मी की टीसें कम हुईं।

हफ्ता भर गुज़रने के बाद वह बिलकुल पानी में फूटी हुई कंवल की कोपल की तरह निकल आयी। इस अरसे में उसे दूध और शहद के सिवा कुछ खाने-पीने को न मिला, भूख के मारे वह बिलबिलाती रहती, मगर कोई सुनवाई न होती। मूई बिछुड़ की रोटी और चटनी खाने वाली का शोरबों से क्या भला होता। एक दिन वह चुपके से शाही बावर्चीखाने में पहुँच गयी और इतना हड़बड़ा के खाया कि तीन दिन दस्तों के मारे हलाकान हुई। फिर उसे मुसहल (जुलाब)

दिये गये, जूशान्दे और माजूनें चटाई गयीं और फलों के रस हलक़ में टपकाये गये।

छः महीने बाद खानम साहब ने उसे अपनी प्रयोगशाला से जब निकाला तो वह चौदह साल की हो चुकी थी। उसका रंग काफूर की तरह सफेद हो गया था। बाल कन्धों को छू लेते, अगर घुँघराले न होते।

अब उन्होंने उसे ज़ैतून के तेल में डुबोकर जड़ी बूटियों में बसाये हुए पानी से बार-बार धोया। साबुन के बगैर साफ पानी की धार से तेल की चिकनाई छुड़ाने में जो परिश्रम और समय खर्च हुआ, उसका तो कुछ हिसाब ही नहीं। फिर घिसा हुआ संदल उसके अंग-अंग पर मल कर पपड़ियाँ छुटाई गयीं। फालतू बाल उखाड़े गये। फिर उसे पिंडलियों पर चिपका हुआ कोरे धुले नैनसुख का आड़ा पाजामा और शबनम का सोने का काम हुआ कुरता पहनाया गया। उसके बालों के छल्ले सँवार कर कारचौबी टोपी लगाई गयी। मोती जड़ी चूड़े, गिरेहबान की सदरी, तल्ले और तल्ले की मोजड़ी पहनाई गयी।

जब छिम्मी फूलों के गजरे लिये नवाब बेगम के कमरे में पहुँची तो वह न हिलीं न डुलीं, बस गुमसुम मखमली तकिये पर कोहनी टिकाए उसे तकती रहीं।

"ग़ज़नफर नवाब।" बड़ी मुश्किल से उनके होंठ सिसकी में हिले।

मुजरे के बाद छिम्मी ने दोज़ानू होकर गजरों का थाल अदब से पेश किया।

काँपते हुए सहमे हाथ से उन्होंने सोने के छल्लों को

छुआ। कनपटी पर सुनहरा गुब्बार सा लरज़ रहा था। उँगली बहकती हुई गाल के भूरे तिल को चूमती हुई होंठों पर काँपने लगी। चरका-सा लगा और उन्होंने कोहनी में मुँह छुपा कर एक आह भरी।

"ग़ारत हो।" उन्होंने आवाज़ घोंट ली।

छिम्मी के हाथ से फूलों भरा थाल छूट पड़ा। खानम साहब ने झुक कर उसे टहोका दिया और वह भद से बैठ गयी। उँगली के इशारे से उन्होंने उसे चले जाने को कहा और फूल उठाने लगीं।

"हज़ूर!" खानम साहब ने नवाब बेगम की पेशानी से लट हटायीं।

"ग़ारत हो।" नवाब बेगम छलक पड़ीं। मगर खानम साहब ग़ारत नहीं हुईं, वहीं पटी पर टिक पड़ीं। और हौले-हौले बेगम की पिंडलियाँ सहलाने लगीं। नवाब बेगम सिसकती रहीं, उन्होंने पाँव झटक दिये। खानम साहब ने ज़िन्दगी भूँचाल के झटके से गुज़ारी थी। वह जमी रहीं।

"लौंडी से खता हुई तो उसी दम गुलामों-बाँदियों को हुक्म दीजिए कि महलसराय के सतून से बाँधकर सरकारी कुत्ते छोड़ दिये जायें। या हुक्म करें तो बाँदी के सन्दूकचे में ज़हर की कमी नहीं, एक बूँद इस ज़मीन के बोझ को दोज़ख़ में झोंकने के लिए काफी होगी।"

बेगम नवाब सिसकती रहीं। पाँव न झटके।

"मुझे शुबा हुआ था नवाब बेगम, अगर जान की अमान पाऊँ तो कहूँ?"

बेगम नवाब की सिसकियाँ लम्बी होने लगीं।

पन्द्रह बरस पहले... नवाब हजूर की भूली बात बनी वह साँसें रुक रही थीं। महलसरा की संगीन दीवारें थीं और नवाब बेगम की धड़कती हुई नब्ज़ें महलों के सारे खेल फीके पड़ चुके थे। नवाब बहादुर उन्हें चख कर और कहीं का मुँह का मज़ा बदलने लगे। विभिन्न प्रकार के खाने मौजूद थे जिधर जी चाहता मुँह मार लेते। अला-बला सब हड़प कर जाते। नयी थाली सामने चुनी जाती, दो-चार महीने में उस से पेट में अफारा सा पैदा होने लगता। खट्टी डकारें आने लगतीं, तुरन्त दूसरी डिश का इन्तज़ाम हो जाता। नवाब बेगम को इस बात की कोई शिकायत भी न थी, क्यूँकि नवाबों का यही दस्तूर हुआ करता था! खुद उनके वालिद के यहाँ तो विलायत के तर माल आते-जाते रहते थे। रजवाड़ों में उनकी पसन्द और पहुँच की धाक बैठी हुई थी। वैसे उनकी मुँहचढ़ी हब्शी हलवा सोहन की टिकिया मबरूका को जो दरजा मयस्सर हुआ किसी को न हो सका।

मगर नवाब बहादुर तो गन्दगी की पोट थे। उनके हैवानियत की हदों को पार करते हुए प्यार पर बेगम का खून खौल पड़ा। नवाब बहादुर अड़ गये। वह भी अड़ गयीं। बेगम तीर, तलवार पर उतर आयीं और उनसे पर्दा कर लिया। अब वह उनके साने के कमरे की ओर नहीं फटक सकते थे, वैसे जश्न-जलूस के मौकों पर वह आगे-आगे रहतीं, सजे हुए हाथी-घोड़ों की तरह।

नवाब बहादुर की जूती से। वह अड़ गयीं तो चूल्हे भाड़ में जायें। उन्होंने और निकाह कर लिये। जब तक बीवी हज़्म होती ऐशबाग़ में रहती। जहाँ बासी हुई और जी

से उतरी, महल सरा पर पहुँचा दी जाती। थोड़े दिन फुंकारती, बल खाती फिर फन पटक कर चुप हो जाती। बेगम का रुत्बा अपनी जगह। वह उतरी कमान की सूची में दाखिल होकर महल के एक कोने में अपनी छोटी सी दुनिया बसा लेती। फिर किसी दूसरी के दिन पूरे हो जाते और वह भी आ जाती। उसके बाद उसे बाहर निकलने की इजाज़त नहीं थी। वैसे तो नवाब बहादुर की जूठन पर सारी जनता पलती थी, मगर उनके जैसी औरत तुरन्त सात तालों में क़ैद कर दी जाती थी। रिशतेदार मिलने आ सकते थे, खाने-पीने की कोई कमी नहीं, कपड़े, ज़ेवर के ढेर परन्तु मर्द की बू बास तक से दूर।

कभी-कभी किसी पुरानी बीवी की कोई बात याद आ जाती। नवाब बहादुर तुरन्त तलब कर लेते। निगोड़ी के खुशी से हाथ-पैर फूल जाते। बाक़ी बदनसीब उसे बन-ठनकर पिया की बाँहों में जाने की तैयारियाँ करते देखतीं तो उन्हें हिस्टीरिया के दौरे पड़ जाते और खानम साहब अपना तिलिस्मी सन्दूकचा लेकर मदद को दौड़तीं।

बहुत बार नवाब बहादुर ने बड़ी बेगम को भी निमन्त्रण भेजा। कुछ समय से अपने पीर साहब के हुक्म पर वह बड़ी पाबन्दी से बारी-बारी सब बीवियों को उनका हक़ देने को तैयार थे, मगर बड़ी बेगम ने निहायत गुस्ताख़ी से अपना हक़ ठुकरा दिया। उन्नीस-बीस बरस की सिसकती जवानी का पहाड़ उठाये दनदनाती चली जा रही थीं कि भाई गज़नफर अली खाँ विलायत जाने से पहले शिकार की धुन में रियासत में आ निकले। रिश्ते के भाई थे। तीन साल

छोटे थे। नवाब बेग़म के छक्के छुड़ा दिये।

क्या लहलहाते, महकते दिन थे वह भी। धमाचौकड़ी हो रही है, स्वाँग भरे जा रहे हैं। आपा-धापी, मारकुटाई से भी शर्म नहीं। हँसी है कि फव्वारा बन के टूटी पड़ती है। नवाब बेगम की सारी बे-रुखी भूला हुआ सपना हो गयी। बचपन लौट कर चमकने लगा, भोंडे-भोंडे तमाशे होते। चार लौंडियों को हुक्म दिया जाता, कर दो एक दूसरे को नंगा। जो जीतेगी सोने का कड़ा या जड़ाऊ इनाम में पायेगी। और पिल पड़तीं नामुरादें एक दूसरी पर। वह घमासान मचती की हँसते-हँसते आँसू निकलने लगते। कपड़ों की धज्जियाँ उड़ने लगतीं। लहूलुहान हो जातीं। अन्त में जिस्म पर बस पाजामे का नेफा और पायचों की मोरियों के छल्ले पड़े रह जाते। फिर हार-जीत अलग रखकर सबको इनाम मिलता।

जब गज़नफर मियाँ हँसने पर आते तो उन्हें दीन-दुनिया का होश न रहता। गिर-गिर पड़ते। अधिक हँसने पर बेगम नवाब के ऊपर आ गिरते। कभी बिलकुल ही गुड़मुड़ हो जाते। बड़ी मुश्किल से बेगम उनको हटातीं। शोखी, शरारत तो उनकी आदत थी। बच्चा ही तो थे। ज़रा-ज़रा सी मूँछें फूटी थीं। वह भी शायद बार-बार मूँड़ने से। सर पर ताज तो अल्लाह का रखा हुआ था। बिलकुल मोहरों का कच्चा सोना सर पर ढेर था। दाँत किचकिचाकर नवाब बेग़म सुनहरे गंच्छे पकड़कर हिला डालतीं, कुछ शर्म ही नहीं सुअर को! हाथ हैं कि बिलकुल दीवाने! यह खेल साहबज़ादे ने आँख खोलकर सब ही को खेलते देखा था। बाँदियाँ आपस में नोचतीं, खसोटतीं, बाहर नौकर-चाकर खुली-खुली बातें

करते। आती-जाती के बुकटा भर लिया, कल्ला नोच लिया, कमर खसोट ली। साहबज़ादियाँ तो अलग-थलग पाली जातीं, हाँ लौंडियाँ गोद ही में हथकण्डे सिखा देतीं।

वहाँ देखने-टोकने वाला कौन था। गज़नफर अली कोई गुस्ताखी कर बैठे तो लौंडियाँ ठट्ठे लगाने लगतीं। नवाब बेग़म का दम लबों पर आ जाता। कभी घुड़क देतीं, कभी जान-बूझकर अनजान बन जातीं। मगर छीना-झपटी से बात आगे बढ़ने लगती तो वह तुरन्त बँध-बाँध कर सिमट जातीं और बाअदब बामुलाहिज़ा हो जातीं। उन्हें बेक़ायदगी से सख़्त नफरत थी। चोटी गूँधने में अगर माँग में एक बाल भी इधर का उधर हो जाता तो परेशान हो जातीं और सारी रात तकिये पर सर पटकतीं। उनसे कभी कोई भूल नहीं हुई। सुलगने की आदी थीं। फड़कने की शर्त नहीं थी। मगर गज़नफर मियाँ ठहरे कल के लौंडे। धड़धड़ जलने लगे। भूख लगे खा लो, प्यास लगे पी लो, नींद आये सो जाओ। उन्होंने यही सीखा था। बेगम की हदबन्दियों पर सीधे हो गये। लगामें खींचीं तो अगाड़ी पिछाड़ी तुड़ाने लगे। कुछ इधर के दोस्तों की राये से इधर-उधर शिकार के लिए चल दिये। बेगम की दुनिया उजड़ गयी। महलसरा में मौत सी हो गयी। जासूसों ने खबर दी कि साहबज़ादे चूड़ों, चमारों पर मोती बिखेर रहे हैं। एक मोती छिम्मी के रूप में अल्हड़ कुम्हारन की कोख में हो गया। विदेश जाने का समय आ गया और वह रुख्सत हुए परन्तु हवाई जहाज़ की दुर्घटना में खत्म हो गये। बेग़म ने बरसों चुपके-चुपके मातम किया। अगर उस दिन उन्होंने गज़नफर मियाँ को दुतकारा न होता

तो शायद यह मोती उनकी प्यासी कोख की प्यास बुझा देता। यह तो उनकी अमानत थी जिसमें अब खयानत होगी। तो क्या छिम्मी उनकी कोई नहीं? कोई रिशता नहीं? क्या किसी की मुर्गी जाकर दूसरे के दरबे में अण्डा दे आये तो मुर्गी के मालिक का उस पर हक़ नहीं रहता? जीने के लिए इन्सान कैसे-कैसे हथकण्डे चलाता है। तन्हाइयों से उकताकर सोच की दुनिया बसा ली। ज़ख़्मी दिल ने मरहम चाहा और पा लिया। जैसे सीपी अपने ज़ख़्म को मोती बनाकर सीने में छुपा लेती है।

"लौंडी ने सोचा, अपना ख़ून है। शागिर्द पेशे में नीच कमीनी औरतें उसे किसी काम का नहीं रखेंगी।"

"हाँ अपना ख़ून है!" नवाब बेगम को यह बड़ी प्यारी लगी। ऊपर से बरसों की दबी-दबाई ममता फट पड़ी। उन्होंने छिम्मी को उठाकर कलेजे से लगा लिया।

बेगम बादशाहज़ादी की तरह छिम्मी के भाग जाग उठे। छिम्मी से उसे शगुफ्ताबानो बना दिया गया। वही बाँदियाँ जो लहँगा उठा-उठाकर उसकी गत बनाया करती थीं, उसकी खिदमत करने लगीं, उसे नहलातीं, धुलातीं, कंघी-चोटी करतीं, नवाब बेगम की राय से उसे गुड़िया की तरह सजातीं और उसकी क़िस्मत पर रश्क करतीं कि काश साहबज़ादे उनकी अम्माओं पर मेहरबान हुए होते।

शगुफ्ताबानो की उच्च स्तर पर शिक्षा होने लगी। सलीक़ा सिखाया जाता। वह हर काम पे जुट जाती। इसी तरह जैसे गाँव में खुशी-खुशी उपले थापा करती थी। बुनाई, कढ़ाई सीखती। तीज-त्यौहार पर महलसरा सजाकर दुल्हन

बनाई जाती। सावन में झूले पड़ते। दीवाली पर चिराग़ाँ होता। मुहर्रम पर ताज़िये रखे जाते। मजलिसें होतीं। प्रजा में अधिकता हिन्दुओं की थी, मगर सब ही त्यौहार धूम-धाम से मनाये जाते। नवाब साहब हर त्यौहार के जशन में ज़रूर शरीक होते थे।

नवाब साहब के हरम में लौंडियों, बाँदियों के अतिरिक्त सतरह-अठारह बीवियाँ भी थीं जो कभी उनके निकाह में रह चुकी थीं। शरा की रू से चार शादियों से अधिक नहीं कर सकते थे, जिनमें नवाब बेगम को वह तलाक नहीं दे सकते थे, क्यूँकि उनके भाई बहुत रुत्बे वाले और मिजाज़ के टेढ़े थे, इसलिए उनके अतिरिक्त तीन और निकाह में रहतीं, जब कोई नयी दिल में बस जाती तो तीन में से जो सबसे अधिक पुरानी घिसी होती उसे तलाक दे देते और वह रोती-पीटती महलसरा में पहुँचा दी जाती, उसे बाहर जाने या दूसरी शादी करने की इजाज़त नहीं थी। वैसे रुपये-पैसे की उन्हें कोई कमी नहीं थी, बस मर्द की सूरत को तरसती थीं। हज़ार पाबन्दियों के बावजूद इधर-उधर ठगली लगाने में कामयाब भी हो जाती थीं। नवाब साहब के पीरो मुर्शिद के हुक्म के मुताबिक़ वह सब बीवियों को उनका हक़ बारी-बारी से बख़्शते थे। रोज़ शाम को एक बीवी का बुलावा आ जाता था उसमें बड़े जोड़े-तोड़ चला करते। ऊपर-ऊपर रिश्वतें चलती थीं। जो बीवी ज़रा कंजूसी करती, अहलकार उसकी बारी गुड़मुड़ कर देते। नवाब साहब बेचारे को तो ठीक तरह से याद भी नहीं था कि कौन-सी निकाह में है, कौन-सी तलाक के बाद बतौर लौंडी

के काम आ सकती है। कुत्तों और घोड़ों की मिज़ाजपुर्सी में ही बहुत ध्यान बँट जाता था।

किसी बात पर अचानक किसी पिछली बीवी की हड़क उठने लगती तो नवाब साहब बेक़रार हो जाते।

"अरे भई आज नूरी को हाज़िर किया जाये।"

"आली जाह, उनको तो तलाक़ फरमा चुके।"

"अमा नहीं। कब?"

"सरकार, वह तीसरी बिटिया के बाद जब फ़रोज़ाँ नवाब से निकाह फरमाया था।"

"अच्छा-अच्छा।" नवाब साहब को याद आ जाता, "कोई बात नहीं, हमारा नमक तो खाती है।"

और नमक खाने वाली खुश-खुश सोलह सिंगार करके आ जाती, और ऐसी पट्टी पढ़ाती कि अहमक़ नवाब बहादुर नम्बर-2 को तलाक़ देकर उससे दोबारा निकाह कर लेते। अधिकतर निकाहों की वजह यह थी कि सब कमबख़्तें नवाब साहब को चिढ़ाने के लिए लड़कियाँ ही पैदा करती थीं। तीन-चार लड़के हुए भी मगर जाते रहे।

महलसरा में जब यह जश्न होते तो नवाब साहब तशरीफ लाते। दरबार लगता। इनामात तकसीम किये जाते। उस दिन एक से बढ़-चढ़कर सिंगार करती, बड़ी बेगम हज़ूर आला हज़रत के दायीं ओर बैठतीं, शेष तीन में से सबसे चहेती बायीं ओर, उसके बाद सब दरजा ब दरजा जश्न से पहले बड़े दंगे-फसाद होते। बीवियाँ आने वाले दिन की तैयारियों में अपने रुतबे का खयाल रखतीं। छुपी-ढकी नोक-झोंक चलती। कभी उन मौक़ों पर कोई पुरानी बीवी

एकदम से नयी लगने लगती और उसका नाम फिर चार बीवियों की सूची में आ जाता। बारी तय करने का काम क़ानूनी सलाहकार के हाथ में था। कुछ ख़ानम साहब पर भी निर्भर था। वह अगर कह देतीं कि तबियत खराब है तो बेचारी की बारी गायब हो जाती। उनके भी मसका मारने की आवश्यकता हुआ करती थी।

मेरे खयाल में छिम्मी की कहानी असल में होली के त्यौहार से आरम्भ हुई। यह होली थी भी पिछले सारे त्यौहारों से अधिक शानदार। इस धूम-धाम का कारण था कि रियासत में कांग्रेस का असर 1935 के बाद से बहुत बढ़ गया था। कांग्रेस जो विदेशी-राज का नाक में दम किये हुए थी और ब्रिटिश-राज के फरमाबरदारों में नवाब साहब भी थे। कोई बेटा नहीं था। इस कारण शादियों पर शादियाँ कर रहे थे। अभी नाउम्मीद होने की नौबत नहीं आयी थी। कांग्रेस के ज़ोर को कुचलने के लिए रियासत में हिन्दू-मुस्लिम दुश्मनी का बीज बो दिया गया, जो तुरन्त जड़ पकड़ गया, परन्तु स्वयं नवाब साहब पर भी फिरक़ापरस्ती की चोट पड़ने लगी।

स्वयं नवाब साहब बिलकुल फिरकापरस्त नहीं थे, उन्हें स्वयं को पूजने से ही छुट्टी नहीं मिलती थी जो फिरकापरस्ती के झंझट में पड़ते। नाचरंग और शिकार से अगर कभी समय मिल जाता तो ब्रिटिश राज की सलामती की चिन्ता कर डालते। उन्हें हर समुदाय के लोगों से बेहद प्यार था और हर फिरक़ा उनकी रियासत में इत्मीनान से अपने धर्म का पालन कर सकता था। मुसलमान और हिन्दू में वह कोई

फ़र्क़ नहीं रखते थे। दोनों ही उनके राज में कल्लाश(दरिद्र) थे, बल्कि मारवाड़ियों ने तो कुछ फैक्ट्रियाँ बना भी ली थीं, मुसलमान बेहद जाहिल और मुफलिस थे। ओहदेदारों में वह अंग्रेज़ के बाद हर शख़्स से प्रसन्न थे जो सरकारी क़बीले का था और पेंशन के बाद उनकी रियासत की किस्मत जगाने आ जाता था। मुहब्बत के मामले में वह किसी की तरफ नहीं थे। बीवियों में तसल्ली से उन्होंने बग़ैर किसी फ़र्क़ के सब को नवाज़ा था।

कुछ प्रोपेगण्डा की काट करनी थी, कुछ पुराना दस्तूर था, टेसू के फूल देगों में उबालकर रंग तैयार हुआ। अबरक़ मिला, अबीर और गुलाल बड़े-बड़े पीतल के थालों में भरकर चबूतरों पर सजा दिया गया। रंगों की भरी नादें और पिचकारियाँ खूब मौजूद थीं। कड़ाह चढ़े हुए थे। हलवाई पकवान तल रहे थे और कहार डोलियों में रखकर महलसरा में पहुँचा रहे थे। सारी जनता रंग खेलने और इनाम लेने के लिए टूटी पड़ती थी। कमीनों की टोलियाँ स्वाँग भरे नाचती-गाती चली आ रही थी। महलसरा के सहन में रियासत के उच्च अफसरों की औरतें, शाही खानदान की बहू-बेटियाँ होली खेलने और तर माल उड़ाने में व्यस्त थीं। नवाब बहादुर भी महफिल की रौनक़ बढ़ाने के लिए थोड़ी देर को दिखायी दे जाते। जनता के माई-बाप थे, उनसे कोई पर्दा नहीं करता था, सबको हाथ जोड़-जोड़ कर नमस्कार करते, रंग डलवाते और आँखें भी सेकने से बाज़ न आते।

उन मौकों पर लौंडियों, बाँदियों की मस्तियाँ देखने आया करती थीं, खूब नाच, गाने, स्वाँग और कुश्तियाँ

होती। मकसद नवाब बहादुर को आकर्षित करना होता। ऐसे ही मौकों पर तो लौंडियों को बेग़में बनने के मौके मिला करते थे।

रोक-टोक के बावजूद छम्मी उर्फ शग़ुफ्ताबानो इस तूफ़ाने रंगीन में बिजली बनी चमक रही थी। कीचड़ और गोबर से खेलने वाली छम्मी की यह पहली रंग-बिरंगी महकती होली थी। पन्द्रहवाँ साल लगा ही था, मगर जिस्म की उठान महीनों व साल का झंझट नहीं पालती। रंगों से भीगे कपड़े जिस्म से चिमट कर रह गये थे। वह मस्ती में इधर से उधर उछलती-कूदती फिर रही थी। नवाब बहादुर के नथुने फड़के "मँस गन्द... मँस गन्द।"

नवाब बेगम ने इन बड़ी-बड़ी गन्दी आँखों की नीयत पहचान ली। नवाब बहादुर की नंगी आँखों की गाली पर वह तिलमिला उठीं। उन्होंने झुक कर खानम साहब के कान में कुछ कहा।

इधर नवाब बहादुर ने झुक कर खाजासरा के कान में कुछ कहा और उठ गये।

ऐशबाग़ के मरमरा हौज़ में लाल मछली ख़ेल रही थी। उसके आस-पास के पानी में शोले भड़क रहे थे। नवाब बहादुर की भारी-भारी आँखें रस घोल रही थीं। छम्मी उर्फ़ शग़ुफ्ताबानो ने ऐशबाग़ की ऊँघती, उकताई फिज़ा को एकदम झिंझोड़ कर जगा डाला। नवाब बहादुर की थकी-थकायी आँखें एकदम चौंक कर ठट्ठे मारने लगीं। यह चटपटी ततैया मिर्च किस मर्तबान में पड़ी थी? उनका काम और धन तो उकताहट की फफूंद से अट रहा था। ऐसी

बढ़िया चीज तो उनके शाही दस्तरखान पर आज तक नहीं उतरी थी। सब ही कुटी-पिसी, कपड़-छन की हुई माजून मुरक्कब बनी उनके हज़ूर तक पहुँची थीं।

नवाब बहादुर हँसते-हँसते लोटन कबूतर हो गये। जब गिरेहबान में हाथ डालने पर उसने चट से हाथ पर थप्पड़ टिकाया और फुंकारने लगी।

"वाह!" अपने आप उनके मुँह से निकला। "अरे भई, इधर आओ।" उन्होंने कारिन्दों को बुलाया। "ज़रा इसे तो देखो।" उन्होंने फिर वही हरकत की और शग़ुफ्ताबानो ने अब के पैर से जूती निकाल के हाथ पर रसीद की। "बदमाश!" साथ ही खिताब भी अता फरमा दिया। यह हरकत अब तक उससे किसी मर्द ने नहीं की थी।

कारिन्दों के दिलों की हरकत बन्द होते-होते बची। मगर नवाब साहब बहादुर ने सर पीछे झटक कर फरमाइशी क़हक़हा लगाया और कारिन्दे मामले की अहमियत को समझ गये। नवाब बहादुर इतना हँसे कि मन-मन भर की आँखें और बड़ी हो गयीं। फिर चारों तरफ से हाथ चलने लगे और जूती चारों तरफ से बचाओ करने लगी। उसकी उजड़ किस्म की गालियों, कोसनों में बला की मिठास थी। फिर वह गुस्से में खड़ी हो गयी। "हम जाते हैं हाँ!" उसने ग़रूर से ऐलान किया।

"अच्छा बैठो-बैठो। अब नहीं छेड़ेंगे।" नवाब बहादुर ने पुचकारा। "शहज़ादियों जैसे दिमाग़ हैं।" दिल में सोचा।

नवाब बेगम गुस्से में पूरी महलसरा पर बरस रही थीं। तीन बार दौरा पड़ चुका था। कलेजे में ज्वालामुखी दहक

रहा था। लौंडियाँ, बाँदियाँ सूखे पत्ते की तरह काँप रही थीं। खानम साहब मुजरिमों की तरह पैरों में पड़ रही थीं।

"कैसे ले गये?" उन्होंने खानम साहब की चोटी मरोड़ डाली।

"क्या कहूँ, एक झलक तो मैंने देखी, फिर जैसे बिजली सी कौंधी, जैसे ज़मीन फटी और वह समा गयी। या आसमान से अदृश्य हाथ उतरा और उड़ा ले गया। किसी ने जान-बूझकर मेरी आँखों में अबीर झोंका था, वरना बन्दी यूँ होश न गुम करती। और जब मैंने आँखें मसलकर खोलीं तो वहाँ कुछ भी न था। ड्योढ़ी पर किसी ने ध्यान भी न दिया होगा, न चीखी न चिल्लायी।"

"अब क्या होगा खानम?" नवाब बेगम एक दम रोने लगीं।

"बाक़र अभी खबर लेकर आता है, चुहलें हो रही हैं। लेकिन मेरे सरकार बकरे की माँ कब तक खैर मनायेगी। एक दिन तो यह होना ही था।"

"यह किसी दिन भी नहीं होना है!" बेगम तिलमिला उठीं।

सोने का दरबा बनि छम्मी चमक रही थी। उसने वहाँ मौजूद सभी की तमाम अँगूठियाँ जीतकर पोर-पोर पर टिका ली थीं। अब अशरफ़ी का खेल हो रहा था। खिलाड़ियों में से एक उसे अशरफ़ी चुटकी में पकड़कर दिखाता और जब वह अशरफ़ी की खोज में हाथ मारती तो क़हक़हे गूँजने लगते। वह बड़ी-बड़ी हैरान आँखें खोलकर हँसने वालों को देखती। ऐसे ऊँचे मज़ाक उसकी समझ से ऊपर निकल

जाते, यह नासमझी ही तो सारा लुत्फ़ पैदा कर रही थी। जब कोई बदला लेने का इरादा करता तो वह जूती सँभाल लेती, और महफिल लोट-पोट हो जाती।

नवाब बहादुर तो रोज़ ही रतजगा करते थे। जब पौ फटने लगती तो हेंगनबाई मैरवा के मुकद्दस सुरों में कोई गज़ल या ठुमरी छेड़ देतीं और सरकार की रगों में नींद उतर आती। जगाने का राग उनके कानों में लोरी बन जाता। मगर आज छम्मी की शोखियों ने महफिल जमने ही न दी, दिनभर की झिंझोड़ी हुई तो थी, सर चौकी के पाये से लगा तो पट से सो गयी।

एकदम महफिल पर सन्नाटा छा गया। बारादरी में एक एक करके सब रौशनियाँ गुल हो गयीं। छम्मी ने ढीली अँगूठियों को गिरने से रोकने के लिए मुट्ठियाँ बाँधकर ठोड़ी के नीचे रख ली थीं। नवाब बहादुर ने अपना भारी पैर उसकी छाती पर धर के जगाना चाहा, मगर वह मुर्दे की तरह बेहोश पड़ी रही। उन्हें उसकी यह गुस्ताखी बड़ी पसन्द आयी। जैसे भूखे को हड़बड़ खाते देखकर भूख लगने लगती है, उसी तरह छम्मी की अल्हड़ नींद का जादू उन पर भी चलने लगा। बरसों बाद वह सहर से कई घण्टे पहले वहीं ढेर होकर सोये।

नियम अनुसार हजरत के जागने से पहले ही बारादरी की सूरत बदल गयी। रात के मसले हुए फूल छम्मी सहित झाड़ दिये गये, परदे छोड़कर बिलकुल बन्द कमरा बना दिया गया।

जब छम्मी सर से पाँव तक सोने और जवाहरात में

डूबी, आँचल में अशरफियों के तोड़े और पोर-पोर अँगूठियाँ पिरोए नवाब बेगम के हज़ूर में पेश की गयी तो वह आँखों पर कोहनी का तिकोन खड़ा किये बेकल-सी पड़ी थीं। छम्मी ने छनकता हुआ मुजरा किया तो आँखें खोलकर देखा और तड़पकर उठ बैठीं। छम्मी उनके लाड़-प्यार की ऐसी आदी हो चुकी थी कि उसने उनके तेवर न देखे। अपनी धुन में रात के तूफान तफसील से सुना दिये वह वहीं उनके क़दमों के पास बैठ गयी।

बेगम नवाब ने चोटी पकड़कर उसका सर ऊँचा किया, फिर उनके हाथ काँटों की तरह उसके वजूद को खुरचने लगे। एक-एक ज़ेवर उन्होंने पैरों तले मसल डाला। कपड़े तार-तार कर दिये। और फिर तमाचे लगाये कि उनके हाथों में खून छलक आया। फिर लात मारकर उन्होंने उसे दूर गिराया और उन पर हिस्टीरिया का दौरा पड़ गया।

जब खानम साहब ने आकर खबर दी कि शग़ुफ्ताबानो वैसी ही सलामत लौट आयी है जैसी गयी थी तो वह दोबारा जिन्दा हो गयीं।

उन्होंने उसे बुलाकर उसके सूजे हुए मुखड़े पर अपने नरम रेशम जैसे हाथ फेरे। सन्दूकचा मँगाकर उन अशरफियों से दोगुनी दे दीं। अपना ढेरों ज़ेवर अपने हाथों से पहनाया, और ढीठ छम्मी खी-खी हँसने लगी।

बड़ी देर तक खानम साहब से सर जोड़कर मिस्कोट(सलाह) होती रही कि अगर शाम को सरकार ने उसे फिर याद किया तो क्या बहाना बनाया जाये। महिलाओं की मजबूरी का बहाना कुछ दिन चल जायेगा फिर क्या

होगा? देखा जायेगा।

शाम हुई और सरकारी मोटर आ धमकी। बेगम ने फरोज़ाँ को रवाना कर दिया। उसे हर तरह से समझा दिया गया मगर तुरन्त फरोज़ाँ उलटे पैरों रोती-पीटती आ गयी।

नवाब बहादुर किसी के झाँसे में आने को तैयार नहीं थे।

उसी दम ऐलाने-जंग हो गया। नवाब बेगम ने खुली बगावत पर कमर बाँध ली। चाहे कयामत हो जाये, मगर वह अपने खानदान को मौरी में डालने को तैयार नहीं। पहले तो सवाल और जवाब दोनों तरफ से कारिंदों के द्वारा होते रहे। नवाब बहादुर बेगम नवाब को समझा-समझा कर हार गये मगर वह अपनी हठ पर क़ायम रहीं। नवाब बहादुर ने उनके ख़ून की इज़्ज़त बढ़ाने की नीयत से निकाह के इरादा का भी ज़िक्र किया। मगर नवाब बेगम टस से मस न हुईं। नौकर न जाने क्या-क्या जतन करके सरकार को बहलाये हुए थे, मगर छम्मी के बग़ैर शाम उन पर बड़ी भारी गुज़र रही थी। ईशा की नमाज़ के बाद तो नवाब बहादुर बिखर गये, नवाब बेगम के अधिकतर उत्तर उनके कानों तक पहुँचे ही नहीं थे। बस तरह-तरह के बहाने बनाये जा रहे थे। किसी में इस गुस्ताखी की हिम्मत न थी। बिदके हुए घोड़े को तरह-तरह से बहलाया जा रहा था।

वह तो ख़ैर यह हुई थी कि नवाब बहादुर को छम्मी का नाम नहीं याद रहा था। वह बस तड़प-तड़प कर उसकी तफसील बताते थे :

"हरामज़ादो! वह जो नन्ही-सी जूती दिखा रही थी,

जिसने थूक दिया था। वही।" वह अहमक़ों की तरह बताते और नौकर तुरन्त हुक्म बजा लाने के लिए दौड़ते और जूतीवाली की बजाय किसी और को पकड़कर ला खडा कर देते। नवाब बहादुर चमचमाती हुई बोझिल आँखों से उसे देखते और फिर दहाड़ने लगते।

ऐशबाग़ में एक कयामत हो रही थी। सब के सरों पर मौत मँडरा रही थी। तरह-तरह के झुनझुने बजाये गये, बन्दर नचाये गये मगर हज़रत क़िसी घिस्से में आने को तैयार न थे। नाम उन्हें कभी किसी औरत का याद ही नहीं रहता था। उसके जिस्म के टुकड़े याद रह जाते थे। लोगों ने उन्हें बेवकूफ बनाने की भी कोशिश की।

"हजूरवाला, कल तो तुरफा ही खिदमत में आयी थी।"

"तुरफा को हाज़िर किया जाये।" वह दहाड़ते। मगर जब ऐंठती बल खाती कोई उनकी गोद में उँडेली गयी तो वह बे-हिसाब दोलत्तियाँ झाड़ने लगे। पेश की गयी लड़की और उसके रिश्तेदारों की खूब जूतेकारी हुई और फिर छम्मी के लिए ऐड़ियाँ रगड़ने लगे।

जब सबकी जान सूली पर टँग गयी तो अन्त में इसके सिवा कोई चारा न रहा कि अस्ल सूरतहाल से नवाब बहादुर को परिचित कराया जाये। जब हजूरवाला को पता चला कि वह फितना नवाब बेग़म की चहेती मुँहबोली बेटी है और शाही खानदान से है तो वह थोड़ी देर के लिए पिचक कर रह गये। नवाब बेगम के मायके से वह कन्नी काटते थे। उनके दोनों साले बेहद खूँखार किस्म के थे। मगर फिर

खुद्दारी उमड़ने लगी। अच्छा तो नवाब बेगम से टक्कर है, दिमाग पर ज़ोर डाला बेगम की कोई सूरत याद आयी। बरसों की बात थी, बेगम, न जाने कितने साल से उन पर भरपूर नज़र डालना ही छोड़ दी थी। जश्न-जलूस के मौके पर वह पत्थर बनी बराबर में बैठी रहतीं और नवाब बहादुर की नज़रें इधर-उधर व्यस्त रहतीं।

जब नवाब बहादुर की सवारी पहुँची तो बेगम नवाब का दिल बुरी तरह धड़क रहा था। नवाब दूल्हा बारात लेकर आये थे, तब भी इस तरह दिल नहीं धड़का था। यूँ भी बड़ा फासला था इन दो धड़कनों में। बारात के वक्त अरमानों और उमंगों की शहनाइयाँ भी तो मिली-जुली थी, आज केवल नफरत का तूफान उठ रहा था।

"जानेमन, एक फजूल और बे-बुनियाद किस्म के वहम के कारण आप हमारा दिल दुखाने पर तुली हैं। यह भी कोई बात हुई कि जितने काले मेरे बाप के साले। रियासत के सारे हरामी पिल्लों से आप खून का रिश्ता जोड़ने पर उधार खाये बैठी हैं तो इतना समझ लीजिए कि हम भी अपनी ज़िद के पक्के हैं। बात इतनी बढ़ गयी है कि आपकी हठधर्मी हमारी बेइज्जती का कारण हो रही है।"

हजूर विश्वास करें। मैं मजबूर हूँ। मेरे हाथ बँधे हुए हैं" बेगम ने अदब से सर झुका कर कहा। "यह लौंडी का वहम नहीं हकीकत है, विलायत जाने से पहले गज़नफर मियाँ ने निवेदन किया था। खुदा उन्हें जन्नत नसीब करे।" यह बात बड़े सोच-विचार के बाद खानम साहब ने उन्हें समझाया था।

"वल्लाह, मज़ाक कर रही हैं बेगम। हटाइये भी वह तो खुद ही माशूक़ था।"

मरहूम की शान में ऐसी बातें आप जैसे सम्मानित हाकिम को शोभा नहीं देते।" बेगम की आँखों में लावा खुदबुदाने लगा।

"हमारा मतलब है, वह तो खुद ही बच्चा था, मसें भी तो न भीगी होंगी। यह हवाई जहाज़ों का सफर, तौबा, तौबा!" नवाब साहब तुरन्त ढीले पड़ गये। "खैर बेगम ज़िद छोड़ दीजिए और..."

"जनाब, यह मरने वाले की आखिरी वसीयत का सवाल है। उनकी रूह को चैन नसीब न होगा। मैं कयामत के मैदान में उन्हें क्या मुँह दिखाऊँगी।"

"हम जानते हैं कि यह सब हमें चोट पहुँचाने के लिए नयी बातें सामने लायी जा रही हैं।" नवाब साहब झल्ला उठे। "और फिर हम उसे बाँदी नहीं बना रहे हैं। हम उसे निकाह में लायेंगे।" नवाब साहब होठों पर ज़बान फेरने लगे।

"निकाह? मैंने उसे बेटी कहा है, और वह मेरी बेटी है। आपकी भी बेटी हुई। यह बहुत बड़ा गुनाह होगा" बेगम की आँखों में आग की लपटें उठने लगीं। "निकाह जायज़ न होगा।"

"लाहौल वला कूव्वत! यह किस मर्दूद का फतवा है? क्यूँ सता रही हैं बेगम! आपने बेटी कहा तो वह हम पर हराम हो गयी? कौन सी शरीयत के हुक्म से?"

"मेरी ज़बान से कहे शब्दों का सम्मान आप पर भी

इतनी ही जरूरी है जितना मुझ पर।'' लावा खुदबुदाने लगा। ''उससे निकाह करने के लिए मुझे तलाक देना होगा।''

''आप जानती हैं बेगम हम ऐसा नहीं कर सकते। आपके भाईजान हमारे खून के प्यासे हो जायेंगे। सच्ची बात कहिए बेगम, इस बुढ़ापे में भी सौतेली से नफरत...''

''तौबा कीजिए हज़ूर। अगर अगली-पिछली सौतनों की फिक्र करती तो बन्दी कभी की खत्म हो चुकी होती। यह न होगा।''

''यही होगा।'' नवाब बहादुर अपने पूरे जलाल से खड़े हो गये। ''आज शाम को बाद नमाज़ मग़रिब।''

''आलीजाह! ऐसा न कीजिए। आपको क्या कमी है? मेरी सूनी गोद का मान कीजिए।''

''बेगम हमें इतना ज़लील न कीजिए, एक छोटे से वहम की खातिर हमारा दिल चकनाचूर किये देती हैं। हम मानते हैं कि उसकी रगों में आपका खून है। हम उसका मान कर रहे हैं। हम निकाह करेंगे। और अगर खुदा की मेहरबानी से उसके बदन से नर बच्चा हुआ तो हमारी बरसों की मुराद पूरी हो जायेगी, वह हमारा उत्तराधिकारी होगा।''

''कमाल करते हैं आप, कल तो वह नौकरों के साथ खेल रही थी। चोबदार उसकी बोटियाँ मसल रहे थे, तेरी-मेरी गोद में खेल रही थी आज उसे निकाह का दरजा दे रहे हैं?।'' बेगम अपनी बात पर जमी रहीं।

कल की रंग-बिरंगी याद हँसी बनकर नवाब बहादुर के हलक़ से छलग्क गयी। ''क़हर है बेगम! एक कयामत है!

ज़ालिम ने हमें कहीं का न रखा। कहाँ है? जरा बुलवाइये तो अपनी लाडली को। अच्छा रहने दीजिए। यह हिज्र के पल भी बड़े मज़ेदार हैं। क्या हम एक नज़र देख भी नहीं सकते? अल्लाह क़सम दूर से बस, हाथ न लगाएँगे।" मगर बेगम की आँखों में उबलते हुए तूफान ने उनकी ज़िन्दादिली पर ओस डाल दी।

"यह उम्र, उस पर यह चोंचले।" मगर नवाब बहादुर सुनी को टालकर रुखसत हो गये।

अगर खानम साहब न समेट लेतीं तो बेगम नवाब टुकड़े-टुकड़े हो जातीं। उन्हें सर-पैर का होश न रहा। कलेजा थाम कर वहीं ढेर हो गयीं और कटी मुर्गी की तरह फर्श पर लोटने लगीं।

"यह नहीं होगा। हरगिज़ न होगा, मेरे जीते जी नहीं होगा।"

"नहीं होगा, क़ुर्बान जाऊँ, मेरी शहज़ादी नहीं होगा।" खानम साहब की आँखों में सूरज जगमगा उठे।

दालानों में सोने का काम हुए जोड़े और ज़ेवरात के थाल यहाँ से वहाँ तक चुने हुए थे। बाँदियाँ छम्मी उर्फ शगुफ्ताबानो को धो-फटक कर इतर के पानी में बसा रही थीं। मेहँदी रचे लाल-लाल तलवे और हथेलियाँ देख-देख कर छम्मी किलकारियाँ मार रही थी। उसका ब्याह हो रहा है। जब दुल्हन सज-धज कर तैयार हो गयी तो छम-छम करती नवाब बेगम की खिदमत में हाज़िर हुई। उन्होंने बड़ी हसरत से उसे सर से पैर तक निहारा। एक त्रिशूल सा कलेजे में उतरता चला गया। गज़नफरअली खाँ की छाया

पर एक और नन्ही-सी तस्वीर सुपरइम्पोज़ हो गयी।

एक न सही दो घाव सही। जब दिल ही का क़ीमा हो चुका तो नये और पुराने सब ही ज़ख़्म एक हो जाते हैं। पास बिठाकर नवाब बेगम ने उसे बड़े प्यार से छुआ। दिमाग़ में तूफ़ान-सा उठने लगा। खानम साहब ने मिठाई की तश्तरी पेश की, उन्होंने बच्ची का मुँह मीठा कराया, बदनसीब ससुराल जाने के लिए बेक़रार थी।

जब छम्मी दुल्हनापे के नशे में झूमती चली तो उसके पाँव बहके-बहके पड़ रहे थे। गंगा-जमनी झमा-झम करती पालकी में जब वह सवार हुई और लाल शबनमी पर्दे छोड़ दिये गये तो सारी महलसरा में लौंडियों के कलेजे पर साँप लोट गये। बेगम ने अपनी कोहनी का तिकोन बनाकर आँखों पर खड़ा कर लिया और सिसकने लगीं।

बडी धूम-धाम से दुल्हन की सवारी, दूल्हा की चौखट पर पहुँची। पालकी बीच बारादरी में रख दी गयी। नवाब साहब का दिल मस्त हिरन की तरह उछल-कूद भर रहा था। कमसिन दूल्हाओं की तरह ठण्डे पसीने छूट रहे थे। बस अब कोई दम में भीगे बादलों के बीच से बिजली तड़पकर निकलेगी और उनकी हस्ती को फूँक देगी।

परदे उठाये गये। न बिजली तड़पी, न शोला लपका।

ढ़ीली अँगूठियों को उतरने से रोकने के लिए उसने कसके मुट्ठियाँ भींच ली थीं। सुकड़ी, सिमटी पालकी के कोने में दुबकी बैठी थी, जैसे अचानक पल-भर के लिए ऊँघ गयी हो, और अभी जाग पड़ेगी!

अमरबेल

बड़ी मुमानी का कफ़न भी मैला नहीं हुआ था कि सारे खानदान को शुजाअत माँमू की दूसरी शादी की चिन्ता डसने लगी। उठते-बैठते दुल्हन तलाश की जाने लगी।

जब कभी खाने-पीने से निमटकर बीवियाँ बेटों की बरी या बेटियों का दहेज टाँकने बैठीं तो माँमू के लिए दुल्हन के मशविरे देने लगती।

"ए हे बी, घास तो नहीं खा गयी हो कनीज़ फातिमा की सास ने सुन लिया तो नाक-चोटी काटकर हथेली पर रख देंगी जवान बेटे की मैयत उठते ही वह बहू के चारों तरफ कुण्डल डाल के बैठ गयीं, वह दिन और आज का दिन दहलीज़ से क़दम न उतारने दिया। निगोड़ी का मैके में कोई मरा-जीता होता तो शायद कभी आना-जाना हो जाता।"

"और भई सज्जन भैया को क्या कुँवारी नहीं मिलेगी जो जूठा पत्तल चाटेंगे, लोग बेटियाँ थाल में सजा के देने को तैयार हैं। चालीस के तो लगते भी नहीं।" असगरी खानम बोलीं।

"उई खुदा खैर करे! बुआ पूरे दस साल निगल रही हो! अल्लाह रखे खाली के महीने में पूरे पचास भरके..."

अल्ला! बेचारी इम्तियाज़ी फूपो बोल के पछताईं। शुजाअत माँमू की पाँच बहनें एक तरफ और वह निगोड़ी

एक तरफ और माशाअल्लाह से पाँचों बहनों की ज़बानें बस कन्धों पर पड़ी थीं यह गज़-गज़ भर की। कोई बात हो जाती तो बस पाँचों एकदम मोर्चा बाँध के डट जातीं। फिर मजाल है जो कोई मुग़लानी, पठानी तक मैदान में टिक जाये। बेचारी शेखानियों में सैयदानियों की तो बात ही न पूछिए। बड़ी-बड़ी दिल-गुर्दे वालियों के छक्के छूट जाते।

मगर इम्तियाज़ी फूफी भी इन पाँच पाण्डओं पर सौ कौरवों से भारी पड़तीं उनका सबसे खतरनाक दाँव उनकी चनचनाती हुई भाले की नोक जैसी आवाज़ थी। बोलना जो शुरू करतीं तो ऐसा लगता जैसे मशीनगन की गोलियाँ एक कान से घुसती हैं और दूसरे कान से निकल जाती हैं। जैसे ही उनकी किसी से तकरार शुरू होती सारे मोहल्ले में तुरन्त खबर दौड़ जाती कि भाई इम्तियाज़ी बुआ की किसी से चल पड़ी और बीवियाँ कोठे लाँघती, छज्जे फलाँगती दंगल की तरफ हल्ला बोल देतीं

इम्तियाज़ी फूफो की पाँचों बहनों ने वह टाँग ली कि ग़रीब नक्कू बन गयीं, उनकी मँझली बेटी गोरी खानम अब तक कुँवारी धरी थीं। छत्तिसवाँ साल छाती पर सवार था मगर कहीं नसीबा खुलने के लक्षण नज़र नहीं आ रहे थे। कुँवारे मिलते नहीं, ब्याहे रंडवे नहीं होते, पहले ज़माने में हर मर्द तीन-चार को ठिकाने लगा देता था मगर जबसे यह अस्पताल और डॉक्टर पैदा हुए हैं, बीवियों ने मरने की क़सम खा ली है जिसे देखो परलोक के बोरिये समेटने पर तुली हुई है, बड़ी मुमानी की बीमारी के दिनों में ही इम्तियाज़ी फूफो ने हिसाब लगा लिया था कि उनके फरिश्तों

को भी पता न था कि दूल्हा के लिए भी कुएँ में बाँस डालने पड़ेंगे।

शुजाअत माँमू की उम्र की समस्या बड़ी बन गयी थी। क़मरआरा और नूर खाला के लिए तो वह अभी लड़का ही थे। इसलिए वह तो मारे घबराहट के बरसों की गिनती में बार-बार घपला डाल देतीं। क्यूँकि उनकी उम्र का हिसाब लग जाने से खुद खालाओं की उम्र पर चोट पड़ती थी। इसलिए पाँचों बहनें बिलकुल अलग तरफ से हमला करतीं। उन्होंने तुरन्त इम्तियाज़ी फूफो के नवासे दामाद का जिक्र छेड़ दिया था, जिसका जिक्र फूफो की दुखती रग था क्यूँकि वह उनकी नवासी पर सौत ले आया था।

मगर हमारी फूफो भी खरी मुग़लानी थीं जिनके पिताजी शाही फौज में थे, वह कहाँ मार खाने वालियों में से थीं। झट पैंतरा बदलकर वार खाली कर दिया और शहज़ादी बेगम की पोती पर टूट पड़ीं जो खुले हाथों खानदान की नाक कटवा रही थी। क्यूँकि वह रोज़ डोली में बैठकर धनकोट के स्कूल में पढ़ने जाया करती थी। उस ज़माने में स्कूल जाना इतना ही भयानक समझा जाता था जितना आजकल कोई फिल्मों में नाचने-गाने लगे।

शुजाअत माँमू बड़े सन्तुलित आदमी थे निहायत सुथरा नक्शा, छरेरा बदन, दरमियाना क़द, इम्तियाज़ी फूफो हर जगह कहती फिरतीं कि ख़िज़ाब लगाते हैं मगर आज तक किसी ने कोई सफेद बाल उनके सर में नहीं देखा। इसलिये यह अन्दाज़ा लगाना मुश्किल था कि ख़िज़ाब लगाना कब शुरू किया। यूँ देखने में बिलकुल जवान लगते थे, चालीस

के नहीं जँचते थे। जब उन पर पैग़ामों की बहुत ज़ोर की बारिश हुई तो बौखलाकर उन्होंने बात बहनों के सुपुर्द कर दी, इतना कह लौंडियाँ इतनी छिछोरी न हो कि उनकी बेटी लगे और ऐसी खसूट भी न हो कि उनकी अम्मा लगे।

बड़ी ढूँढ़ मची। आखिर कुरआ(पासा) रुखसाना बेगम के नाम पड़ा।

"उई, क्या डराता हुआ नाम!" इम्तियाज़ी फूफो को कुछ न सूझा तो नाम ही में कीड़े निकालने लगीं मगर बहनों ने ऐसा मोर्चा कसा कि उनकी किसी ने न सुनी।

लौंडिया सोलह से एक दिन अधिक की हो तो सौ जूते सुबह, सौ जूते शाम, ऊपर से हुक्का का पानी।" मगर उनकी किसी ने न सुनी। वह अपनी गोरी बेगम की नाव पार लगाने के लिए यह सब कर रही थीं।

रुखसाना बेगम थीं कि बस कोई देखे तो देखता ही रह जाये जैसे पहली का नाजुक शरमाया हुआ चाँद किसी ने उतार लिया हो, शकल देखते जाओ मगर जी न भरे, तोलो तो पाँचवें के बाद छठा फूल न चढ़े। रंगत ऐसी जैसे दमकता कुन्दन, शरीर में हड्डी का नाम नहीं जैसे सख्त मैदे की लोई पर गाय का मक्खन चिपुड़ दिया हो। स्त्रीत्व इस ग़ज़ब की जैसे दर्जन भर महिलाओं का रस निचोड़ कर भर दिया हो, गर्म-गर्म लपटें सी निकलती थीं। फूफो कहती सोलह बरस की होंगी, मगर उन्नीस-बीस की उठान थी। बहनों ने माँमू को पच्चीसवाँ साल बताया था, उन्हें ज़रा सी झिझक तो हुई मगर फिर टाल गये, कम उम्र कोई बुरा जुर्म नहीं।

सबसे बड़ी बात तो यह थी कि बेहद ग़रीब घर का बोझ थीं, दोनों तरफ का खर्चा माँमू के सर रहा। जब रुखसाना मुमानी ब्याह कर आयीं तो उन्हें गौर से देख के माँमू के पसीने छूट गये।

"बाजी" यह तो बिलकुल बच्ची है!" उन्होंने बौखलाकर कहा।

"उई खुदा खैर करे! अरे मियाँ तेल देखो, तेल की धार देखो।"

बीवी बीसी और खीसी दो-चार बच्चे हुए नहीं कि सारी कलई उतर जायेगी, गू-मूत में न सोलह सिंगार रहेंगे, न यह रंग-रोगन, न यह छलासी कमर रहेगी, न बाज़ुओं का लोच, बराबर की न लगने लगे तो चोर का हाल सो मेरा। मैं तो कहूँ दस साल में बड़ी भाभी जान की तरह हो जायेगी, फिर हम अपने बीरन के लिए साढ़े बारह बरस की लायेंगे।" नूर खाला चहकीं।

"हुश्त" माँमू शरमा गये।

"दूसरी बीवी नहीं जीती, इसलिए तीसरी।" शम्सा बेगम बोलीं।

"क्या बक रही हो?"

"हाँ मियाँ बड़े-बूढों से सुनते आये हैं दूसरी तो तीसरी का सदक़ा होती है, इसीलिए पुराने ज़माने में लोग शादी गुड़िया से कर दिया करते थे ताकि फिर जो दुल्हन आये वह तीसरी हो।"

बहनों ने समझाया और माँमू समझ गये फिर जल्दी ही रुखसाना बेगम ने भी समझा दिया, दो-तीन साल में अच्छे

खाने, कपड़े और आशिक़ मियाँ ने वह जादू फेरा कि पहली का चाँद चौदहवीं का चाँद हो गया, वह चाँदनी चुटकी कि देखने वालों की आँखें झपक गयीं, पोर-पोर से किरणें फूट निकलीं।

शुजाअत माँमू पर ऐसा नशा सवार हुआ कि बिलकुल धुत हो गये। शुक्र है जल्दी ही पेंशन होने वाली थी वरना आये दिन के दफ्तर से गोते ज़रूर रंग लाते।

बहनों के लिए ले-दे की एक भैया थे। बड़ी मुमानी तो दुल्हनापे में ही जी से उतर गयी थीं, उनकी कमान कभी चढ़ी ही नहीं। जब तक ज़िन्दा रहीं सूरत को तरसती रहीं। औलाद खुदा ने दी ही नहीं कि इधर जी बहल जाता। मियाँ बहनों के चहेते भाई सूरत न देखें तो खाना न पचे। दफ्तर से सीधे किसी बहन के यहाँ पहुँचते रात का खाना वहीं से खाकर आते। फिर भी रोज़ाना दस्तरखान सजाय रात तक बैठी राह तका करतीं, किसी दिन इत्तिफाक से खा लेते तो उनकी ज़िन्दगी का मकसद पूरा हो जाता, आये दिन बहनों के यहाँ हंगामे रहते। झूठों को कभी भावज को भी बुलातीं मगर यह बेचारी वहाँ गरीब-सी लगतीं। सबने बुलाना छोड़ दिया। शुजाअत माँमू को कभी यार-दोस्तों की दावत करनी होती या कव्वाली और मुजरे की महफिलें जमतीं तो बीवी को पता भी न चलता, बहनें सब व्यवस्था कर देतीं, यह उन्हीं के हाथ में रुपया दे देते।

किसी ने मुमानी को मशविरा दिया कि मियाँ को क़ाबू करने का बस एक गुर है ऐसे खाने खिलाओ कि किसी के घर का निवाला मुँह को न लगे, बस जी, मुमानी ने खाना

पकाने की किताबें मँगायीं, लहसुन की खीर और बादाम के गुलगुले, दम का मुर्ग और मछली के कबाब पकाये जिन्हें खाकर माँमू ने यह फैसला किया कि वह उन्हें ज़हर देकर मारना चाहती हैं।

मुमानी खून थूक-थूक कर मर गयीं। मगर नयी-नवेली का जादू तो आते ही चढ़कर बोलने लगा। न कहीं आने के रहे न कहीं जाने के, न किसी का आना भाये। बस मियाँ हैं और बीवी, क्या बाग़ और बहार सा भाई चुटकी बजाते में बेरहम और बेमुरव्वत हो गया। दुनिया उजाड़ हो गयी अपने पाँव आप कुल्हाड़ी मारी। गोरी बेगम से शादी करा दी होती तो यूँ भैया साहब दूर न हो जाते।

"ऐ भाभी भैया को आँचल में कब तक बाँधे रखोगी? मर्द ज़ात हैं कोई झुन्डन नहीं कि हरदम कूल्हे से लगाए बैठी हैं।"

लाख ताने दिये जाते हैं अपनी जोरू है कोई पड़ोसी की नहीं कि बस तके जा रहे हैं बजरबट्टू की तरह।

माँमू वह माँमू ही न रहे, अजी कैसी कव्वालियाँ और कैसे मुजरे बस बीवी तिगनी का नाच नचा रही है आप नाच रहे हैं।

"ऐ बस और थोड़े दिन के चोंचले हैं पैर भारी हुआ नहीं कि सारा दुल्हनापा खत्म। एक न एक दिन तो भाई का जी भरेगा" दिलों को तसल्ली दी गयी।

अल्लाह-अल्लाह करके रुखसाना मुमानी का पैर भारी हुआ तो अल्लाह तौबा! न उलटियाँ न तबियत माँदी, चेहरे पे और चार चाँद खिल उठे, क्या मजाल जो थोड़ी सी सुस्ती

आ जाये, वही शोखियाँ, वही अन्दाज़ माशूकाना जो नयी दुल्हनों के हुआ करते हैं और माँमू का तो बस नहीं चलता कि उन्हें उठाकर पलकों में छिपा लें। दिल निकाल के क़दमों में डाले देते हैं, जी से उतरने के बजाय वह तो दिमाग़ पर भी छा गयीं।

पूरे दिनों में भी रुखसाना मुमानी के हुस्न को ग्रहण न लगा। जिस्म फैल गया मगर चाँद दमकता रहा न पैर पर सूजन, न आँखों के चारों तरफ काले डोरे, न हिलने-फिरने में कष्ट।

जापे के बाद चट से खड़ी हो गयीं, क्या मजाल जो कमर बाल बराबर भी मोटी हुई हो, वही कुँवारियों जैसा लचकदार शरीर, भली बीवी के जापे में बाल झड़ जाते हैं उनके बढ़े कि खुद सर धोना कठिन हो गया।

हाँ बीवी के बदले ज़रा माँमू झटक गये, जैसे बच्चा उन्होंने ही पैदा किया, थोड़ी-सी तोंद ढलक आयी। गालों में लम्बी-लम्बी फाँकें गहरी हो गयीं, बाल पहले से अधिक सफेद हो गये। अगर दाढ़ी न बनी होती तो गालों पर चूँटी के सफेद-सफेद अण्डे फूट आते।

जब दो साल बाद बेटी हुई तो माँमू की तोंद और आगे खिसक आयी आँखों के नीचे खाल लटकने लगी। निचली दाढ़ का दर्द काबू से बाहर हो गया तो मजबूर होकर निकलवानी पड़ी। एक ईंट खिसकी तो सारी इमारत की चूलें ढीली हो गयीं।

उन दिनों मुमानी की अक्कल दाढ़ निकल रही थी।

शुजाअत माँमू की बतीसी असली दाँतों से अधिक

हसीन थी। उम्र का इल्ज़ाम नज़ले के सर गया।

इम्तियाज़ी फूफो के हिसाब से रुखसाना मुमानी छब्बीस बरस की थीं।

वह अब भी कभी बच्चों के साथ धमाचौकड़ी मचाने के मूड में आ जाती तो सोलह बरस की लगने लगतीं, कई साल से उमर का बढ़ना रुक गया था ऐसा मालूम होता था। उनकी उम्र अड़ियल टट्टू की तरह एक जगह जम गयी है और आगे खिसकने का नाम ही न लेती। ननदों के दिल पर आरे चलते। वैसे भी जब अपने हाथ-पैर थकने लगें तो जवानों की शोखियाँ, मुँहज़ोर घोड़े की दोलत्ती की तरह कलेजे में लगती हैं और मुमानी तो साफ अमानत में खयानत कर रही थीं। शराफत और भूल का तो यह तक़ाज़ा था कि वह शौहर को अपना ख़ुदा-ए-मजाज़ी समझतीं। अच्छे-बुरे में उनका साथ देतीं कि वह थके-माँदे बैठे हैं और बेगम बेतहाशा मुर्गियों के पीछे दौड़ रही हैं।

"ऐ! भाभी, तुम पर ख़ुदा की मार, न सर की खबर है न पैर की, हुडदंगी बनी मुर्गियाँ खदेड़ रही हो!"

"ऐ तो क्या करूँ खाला, मुई बिल्ली..."

"उई लो और सुनो बी, मैं तुम्हारी खाला कब से हो गयी? सजन भाई मुझसे चार साल बड़े हैं माशाअल्लाह... बड़ा भाई बाप बराबर... तुम भी मेरी बड़ी हो, खबरदार जो तुमने फिर मुझे खाला कहा।"

"जी बहुत अच्छा..." शादी से पहले रुखसाना मुमानी की अम्मा उनकी दोपट्टा बदल बहन कहलाती थीं।

वही हुस्न और कमसिनी जिसने एक दिन शुजाअत

माँमू को ग़ुलाम बना लिया था अब उनकी आँखों में खटकने लगी, लँगड़ा बच्चा जब दूसरे बच्चों के साथ नहीं दौड़ पाता तो चिढ़कर मचल जाता है कि तुम बेईमानी कर रहे हो। मुमानी उनके साथ दग़ा कर रही थीं। कभी-कभी तो उन्हें लड़कियों, बालियों की तरह हँसता या दौड़ते-भागते देखकर उनके दिल में टीसें उठने लगतीं, वह जलकर कोयला हो जाते।

"लौंडों को लुभाने के लिए क्या तन-तन के चलती हो।" वह ज़हर उगलने लगे "हाँ अब कोई जवान पट्ठा ढूँढ़ लो।"

मुमानी पहले तो हँसकर टाल देतीं, फिर झेंपकर गुलनार हो जातीं, इस कारण माँमू के और आग लग जाती फिर वह भारी-भारी इल्ज़ाम लगाते।

तब मुमानी सन्नाटे में रह जातीं। मोटे-मोटे आँसू छलक उठते। अल्गनी से दुपट्टा घसीटकर वह अपना जिस्म ढककर सर झुकाये कमरे में चली जातीं। माँमू का कलेजा कट जाता, उनके पैरों तले से ज़मीन खिसक जाती वह उनके तलवे चूमते, उनके क़दमों में सर फोड़ते, उनके आगे नाक रगड़ते, रोने लगते, मैं कमीना हूँ, हरामज़ादा हूँ, जूती लेकर जितने चाहो मारो। मेरी जान, मेरी मलिका, मेरी शहज़ादी।" और रुखसाना मुमानी अपनी खुबसूरत बाँहें उनके गले में डालकर भों-भों रोतीं।

"तुम्हारा आशिक़ज़ार हूँ मेरी जान, रशक और हसद से जल-जलकर खाक हुआ जाता हूँ। तुम जो नन्हें को गोद में लेती हो तो मेरा ख़ून खौलने लगता है, जी चाहता है साले

का गला घोंट दूँ, मुझे क्षमा करो मेरी जान? वह झट क्षमा कर देतीं। इतनी क्षमा करतीं कि शुजाअत माँमू की आँखों के घेरे और काले हो जाते और वह बड़ी देर तक थके हुए खच्चर की तरह हाँफा करते।

फिर ऐसे भी दिन आ गये कि वह क्षमा न माँग सके। कई-कई दिन वह रूठे पड़े रहते, बहनों की उम्मीदें बँध जातीं।

"भैया जान भाभी को कुढ़ा-कुढ़ा के मार रहे हैं अब कोई दिन जाता है कि यह आये दिन की दाँता कल-कल रंग लायेगी।

मुमानी छुप-छुप कर घण्टों रोतीं। आँसू भरी आँखों में लाल-लाल डोरे और भी सितम ढाने लगते। सुता हुआ पीला चेहरा, सोने की गिन्नी में किसी बेईमान सुनार ने चाँदी की मिलावट बढ़ा दी हो। फीके-फीके होठ, माथे पर उलझी-सी एक लट देखने वाले कलेजा थामकर रह जाते, हुस्न को देखकर माँमू के कन्धे और झुक जाते, आँखों की वीरानी बढ़ जाती।

एक बेल होती है... अमरबेल हरे-हरे संपोलिये जैसे डंठल... जड़ नहीं होती... यह हरे डंठल किसी भी हरे-भरे पेड़ पर डाल दिये जायें तो बेल उसका रस चूसकर फलती-फूलती है, जितनी यह बेल फलती है उतना ही वह पेड़ सूखता जाता है।

जैसे-जैसे रुखसाना बेगम के चमन खिलते जाते थे माँमू सूखते जाते थे। बहनें सर जोड़कर खुसर-पुसर करतीं। भाई की दिन-ब-दिन गिरती सेहत को देखकर उनका कलेजा

मुँह को आता था। बिलकुल झरकट हो गये थे, गठिया की शिकायत तो थी ही, नज़ला अलग अज़ाब जान हो गया। डॉक्टरों ने कहा खिज़ाब बिलकुल माफिक़ नहीं, मजबूरी में मेहँदी लगाने लगे।

बेचारी रुखसाना एक-एक बाल सफेद करने के नुस्खे पूछती फिरती थीं, किसी ने कहा अगर खुशबूदार तेल डालो तो बाल जल्दी सफेद हो जायेंगे। दुखिया ने इतर सर में झोंक लिया। माँमू की नाक में जो अम्बर की मदहोश करने वाली खुशबू की लपटें पहुँची तो वह गन्दे ऐब उन्होंने मुमानी पर लगाये कि अगर बच्चों का खयाल न होता तो मुमानी कुएँ में कूद जातीं। उनके बाल सफेद होने के बजाये और मुलायम और चमकदार होकर डसने लगे।

मुमानी की जवानी के तोड़ के लिए माँमू ने यूनानी की तमाम माजूनें, कूश्ते और तेल प्रयोग कर डाले, थोड़े दिन के लिए उनकी भागती हुई जवानी थम गयी। बाँकपन लौट आया। मुमानी ने कुछ दुनियादारी के दाँव-पेच तो सीखे न थे न किसी ने बारीकियाँ समझाईं। अट्ठाइस साल की थी मगर अठारह बरस जैसी नातजुर्बेकार और अल्हड़पन था।

मोटर बहुत चलाओ तो इंजन जल जाता है, दवाओं का उलटा असर जो शुरू हुआ तो शुजाअत माँमू ढह गये। एकदम बुढ़ापा टूट पड़ा। अगर वह जिस्म और दिमाग़ को इतना न थकाते तो बासठ बरस में यूँ लुटिया न डूब जाती, अब वह अपनी उम्र से अधिक लगने लगे।

बहनें खूब रोतीं, हकीम-डॉक्टर जवाब दे चुके थे। लोगों ने जवान बनने के तो लाखों नुस्खे बनाये परन्तु समय

से पूर्व बूढ़ा हो जाने की कोई दवा नहीं, जो मुमानी को खिला दी जाती, ज़रूर उन पर कोई सदाबहार किस्म का जिन्न या पीरमर्द आशिक़ था कि किसी तरह से उनकी जवानी ढलने का नाम ही न लेती थी। तावीज़-गण्डे हार गये, टोने-टोटके चित हो गये।

अमरबेल फैलती रही।

बरगद का पेड़ सूखता रहा।

चित्र हो तो कोई फाड़ दे, मुजस्मा हो तो पटक-कर चकनाचूर कर दे, अल्लाह के हाथों का बना या मिट्टी का पुतला अगर हसीन भी हो और ज़िन्दा भी, उसकी हर साँस में जवानी की गरमी महक रही हो तो फिर कुछ बस नहीं चलता। उसके चढ़ते हुए सूरज को उतारने का एक ही उपाय हो सकता है कि खाने की मार दी जाये। घी, गोश्त, अण्डे, दूध बिलकुल बन्द। जबसे शुजाअत माँमू का हाज़मा जवाब दे गया था मुमानी केवल बच्चों के लिए गोश्त आदि मँगाती थीं। कभी-कभार एक निवाला खुद चख लेती थीं। अब उससे भी परहेज़ कर लिया। सबको उम्मीद बँध गयी कि अब इंशाअल्ला ज़रूर बुढ़ापा आयेगा।

''ऐ भाभी यह क्या उछाल-छक्का लौंडियों की तरह मुई सलवार-कमीज़ पहनती हो और भी नन्ही बन जाती हो।'' ननद कहतीं... ''भारी-भरकम कपड़े पहनो कि अपनी उम्र की लगो।''

मुमानी ने टँका हुआ दुपट्टा और गरारा पहन लिया।

''किसी यार की बग़ल में जाने की तैयारी है।'' माँमू ने

कचोके दिये। मुमानी कपड़ों से भी डरने लगीं।

"ऐ बी यह क्या एक आध वक्त की नमाज़ पढ़ती हो, पाँचों समय की आदत डालो।"

मुमानी पाँचों समय की नमाज़ पढ़ने लगीं। जबसे माँमू की नींद बूढ़ी और नखरीली हुई थी, तहज्जुद के समय से जागना पड़ता था।

"मेरे मरने के नफिल पढ़ रही हो।" माँमू बिसोरते।

दुबली तो थीं, दिन-रात की दांता कल-कल से और भी धान-पान हो गयीं। घी, गोश्त से परहेज हुआ तो रंग और भी निखर आया। खाल ऐसी चमकदार हो गयी कि जैसे आर-पार नज़र आने लगेगा। चेहरे पर अजब नूर सा उतर आया, पहले देखने वालों की राल टपकती थी, अब उनके क़दमों में सर पटकने की तमन्ना जागने लगी। जब सुबह-सवेरे नमाज़ फज्र के बाद कुरआन पढ़ती तो उनके चेहरे पर हज़रत मरियम जैसा तकद्दुस दिखता और फातिमा जोहरा जैसी पाकीज़गी आ जाती तो वह और भी कमसिन और कुँवारी लगने लगतीं।

माँमू की कब्र और पास खिसक आती और वह उन्हें मुँह भर-भर कर कोसते और गालियाँ देते कि भांजों-भतीजों के बाद वह जिन्नों और फरिश्तों को बहला रही हैं। चिल्ले खींच-खींचकर जिन्न क़ाबू कर लिये हैं उनसे जादू की बूटियाँ मँगाकर खाती हैं।

ख़िज़ाब के बाद अब मेहँदी माँमू की आँखें दुखने लगी थी। मेहँदी लगाते तो छींकें आकर नज़ला हो जाता। वैसे भी उन्हें मेहँदी से घिन आने लगी थी। रुखसाना मुमानी

उनके बालों में मेहँदी लगाती तो सावधानी बरतने के बावजूद उनके हाथों में भी लग जाती। उनके हाथ देखकर शुजाअत माँमू को ऐसा लगता जैसे मेहँदी में नहीं मुमानी ने उनके दिल से निकले खून में हाथ डुबो लिये हैं, वही हाथ जिन्हें वह कभी चमेली की मुँहबन्द कलियाँ कहकर चूमा करते थे। आँखों से लगाते थे, अब खूँखार पंजे बनकर उनकी आँखों में घुसे जाते थे।

जितना-जितना वह उनकी मुंडिया ज़मीन पर घिसते, मुमानी सन्दल की तरह महकतीं, बहनें घर से तर माल तैयार करके भाई को खिलाने लातीं कि कहीं भावज ज़हर न खिला रही हो। अपने हाथ से सामने खिलातीं। मगर इन खानों से माँमू का हाल और पतला हो जाता। बवासीर की पुरानी शिकायत ने वह ज़ोर पकड़ा कि रहा-सहा ख़ून भी निचोड़ लिया। अभी तक उस नामुराद कुश्ते का असर बाक़ी था, जो उन्होंने पिछले जाड़ों में मुरादाबाद के एक नामी हकीम साहब का नुस्खा लेकर कई सौ की लागत से तैयार करवाया था। नुस्खा बेहद शाही किस्म का था। जिसे मर्द खा लेता तो तुनतुनाकर खड़ा हो जाता मगर माँमू गूँदनी की तरह फोड़ों से लग गये।

दुखिया मुमानी, घी को सैकड़ों बार पानी से धोतीं। उसमें गन्धक और बहुत-सी दवाएँ कूट-छानकर मिलातीं। धड़ियों मरहम थोपा जाता। पतीलियों में नीम के पत्तों का पानी उबालतीं और सुबह-शाम पीप, खून धोतीं उनमें से चन्द फोड़े हमेशा के लिए नासूर बन गये थे और माँमू को

निगल रहे थे।

फिर एक दिन तो अँधेरा ही हो गया माँमू बहुत कमज़ोर हो गये थे। बहनें बैठीं भावज का दुखड़ा रो रही थीं कि यह बुढ़िया ख़ुदा जाने कहाँ से आन मरी। पहले तो शुजाअत माँमू को नानाजान समझकर उनसे फ्लर्ट करने लगी। किसी ज़माने में नानाजान उस पर बहुत मेहरबान रह चुके थे। बुढ़िया नामुराद की मत मारी गयी थी नानाजान को मरे बीस बरस हो चुके थे और वह अपनी चीपड़ भरी आँखों में पुराने सपने जगाने पर व्यस्त थीं। बड़ी ले-दे के बाद वह माँमू का असल हालत समझी तो मरहूमा मुमानी का मातिम ले बैठी।

"हँसिये-हँसिये क्या बुढ़ापे में दग़ा दे गयीं।" अचानक उसकी नज़र मुमानी पर जा पड़ी। मुमानी सहन में कबूतरों को दाना डाल रही थीं। अजब प्यारे अन्दाज़ में वह गर्दन झुकाये बैठी थीं, जैसे तस्वीर खिंचवा रही हों, कबूतर उनकी दमकती हुई हथेली को गुदगुदा रहे थे और वह बेइख्तियार हँस रही थीं।

"हाय मैं मर गयी!" बुढ़िया ने अपनी चपाती जैसा सीना पीटकर रुखसाना मुमानी की तरफ हवा में बलाएँ लेकर कनपटियों पर दसों उँगलियाँ चटर-चटर चटखाईं। "अल्लाह पाक नज़र बद से बचाए। बेटा तू चाँद का टुकड़ा है मैं जानूँ मीठा बरस लगा है, ए मियाँ" वह राज़दारी के अन्दाज़ में माँमू के निकट खिसकी "सौदागरों को मँझला बेटा विलायत पास करके आया है अल्ला क़सम बस चाँद और सूरज की जोड़ी रहेगी।"

थोड़ी देर तक तो किसी की समझ में न आया कि बुढ़िया मुरदार क्या बक रही है, सौदागरों का मँझला बेटा जो विलायत पास था सबकी निगाहों में था किसी को शक न हुआ कि रुखसाना मुमानी का रिश्ता लगाने की ताक में है।

"इमाम हुसैन की क़सम, मियाँ मैं तो कंगनों की जोड़ी लूँगी। बात छेड़ दूँ?"

बात तो साफ हुई और पानी मरा तो भिंडों का छत्ता छिड़ गया। चारों तरफ से तोपें दगने लगीं।

"हे हे मुझ जन्मपिटी को क्या खबर? बुढ़िया स्लीपर पहनती रपटी बाहर की तरफ चलते-चलते उसने माँमू की पिटी हुई सूरत पर एक शक-भरी नज़र डाली मुँह पर तो साफ कुँवारापन बरस रहा है।

उस दिन शुजाअत माँमू ने क़ुरआन उठाकर सबके सामने कह दिया कि यह दोनों बच्चे उनके नहीं अड़ोस-पड़ोस की मेहरबानियों का फल हैं जिनसे रुखसाना बेगम ताक-झाँक किया करती हैं।

उस रात वह रोते रहे, कराहते रहे, अंगारों पर लोटते रहे, उस रात उन्हें बड़ी मुमानी बहुत याद आयीं, उनके बाल समय से पूर्व ही पक गये थे, उनकी जवानी, उनका दुल्हनापा आँसुओं में बह गया, मैं और पारसाई का पुतला वफा की पुतली। उनके हिस्से का बुढ़ापा भी उन्होंने अपने वजूद में समेट लिया और शरीफ़ बीवियों की तरह जन्नत को सिधारीं, आज वह होतीं तो यह दर्द, यह दुखन यह सफेद जड़ों वाले मेहँदी लगे बाल, यह रिसते नासूर, यह

तन्हाई हट जाती, फिर बुढ़ापा यूँ न दहलाता। दोनों साथ बूढ़े होते, एक दूसरे के दुख को समझते, सहारा देते।

अमरबेल दिन दूनी रात चौगुनी फैलती गयी। बड़ के पेड़ का तना खोखला हो गया, टहनियाँ झूल गयीं, पत्ते झड़ गये... बेल पास के दूसरे हरे-भरे पेड़ पर रेंग गयी कैसी जान जलाने वाली फ़िज़ा थी। शुजाअत माँमू की मैयत सहन में बनी-सँवरी रखी हुई थी, बहनें खड़ी-पड़ी पछाड़ें खा रही थीं। माँमू ने अपनी सारी जायदाद बहनों के नाम हिबा कर दी थी।

रुखसाना मुमानी सबसे अलग-थलग दर से लगी बैठी थीं। कहने वाले कहते हैं इतनी हसीन विधवा ज़िन्दगी में कभी नहीं देखी। सफेद कपड़ों में वह अजीब-सा सपना लग रही थीं। रो-रोकर आँखें बोझिल हो रही थीं। पीला चेहरा पुखराज के नगीने की तरह दमक रहा था। पुरसे को आने वाले सब कुछ भूलकर बस उन्हें तकते रह जाते। उन्हें मरहूम की खुशनसीबी पर रश्क आ रहा था।

मुमानी पर बेपनाह बेबसी और अफसुर्दगी छायी हुई थी। डर से उनका चेहरा और भी भोला लग रहा था, दोनों बच्चे उनके पहलू से लगे बैठे थे, वह उनकी बड़ी बहन लग रही थीं।

वह गुमसुम बैठी थीं, जैसे क़ुदरत के सबसे माहिर फ़नकार ने अपने बेमिस्ल क़लम से कोई शाहकार बनाकर सजा दिया हो।

एक शौहर की खातिर

और यह सब कुछ बस ज़रा सी बात पर हुआ। मुसीबत आती है तो यह कहकर नहीं आती। पता नहीं वह कौन-सी घडी थी कि रेल में क़दम रखा कि अच्छी-भली ज़िन्दगी मुसीबत बन गयी। बात यह हुई कि अगले नवम्बर में जोधपुर से बम्बई आ रही थी, सब ने कहा। ''देखो पछताओगी। मत जाओ।'' मगर जब चूँटी के पर निकलते हैं तो मौत ही आती है।

सफर लम्बा और रेल ज़्यादा हिलने वाली, नींद दूर और रेत के छपाके, ऊपर से तन्हाई। सारा का सारा डिब्बा खाली पड़ा था। जैसे कब्रिस्तान में लम्बी-लम्बी कब्रें हों। दिल घबराने लगा अखबार पढ़ते-पढ़ते तंग आ गयी, दूसरा लिया। उसमें भी वही खबरें!

दिल टूट गया काश मैं कब्रिस्तान में ही होती, बला से मुर्दे निकल पड़ते, पंजों को देख-देख जी घबरा रहा था, काश कोई आ जाये। काश। काश।'' मैंने दुआ माँगनी शुरू की।

एकदम से जो रेल रुकी तो जैसे पटरियाँ टूट पड़ीं। इन्सान तो कम आये बच्चे और गठरियाँ अधिक। बच्चे ऐसे जो अकाल के मारे गाँव से आ रहे थे कि आते ही खूराक पर पिल पड़े, दूध पीने वालों को तो खैर तैयार मामला मिल

गया और वह जुट गये, बाकी के तिलमिलाने और तड़पने लगे। गठरियाँ इतनी अधिक जगह घेरने वाले तरीक़े से बँधी थीं कि किसी तरफ से बैठती ही न थीं। एक सँभाली तो दूसरी तैयार। मैं अलग पड़ी पर इस तरह से बैठी थी कि गठरी गिरे तो मेरी रीढ़ की हड्डी बच जाये। मुझे अपने शरीर में बस रीढ़ की हड्डी सबसे अधिक प्यारी है। कहते हैं कि रीढ़ की हड्डी टूट जाये तो आदमी लोथड़ा हो जाता है।

"कहाँ जा रही हो?" बेचारी हमसफर ने गठरियों की तरफ से तसल्ली होते हुए भी फिक्रमन्द होकर पूछा।

मैंने जल्दी से बताया और फिर उनका ध्यान उस बजती गठरी की ओर हो गया जो शायद बर्तनों की थी और ज़रा सी ठेस से गिरने को तैयार। अगर संयोग से ज़रा हाथ लग जाता तो बर्तन इस तेज़ी से आपस में टकराते, कि जी घबरा उठता।

"कहाँ से आ रही हो?"

मैंने ढंग से न बताया।

"मैके जा रही हो?"

जब तक शादी न हुई हो, तब तक जगत मैका ही है और कहीं भी नहीं। अर्थात् मैके और ससुराल का सवाल ही नहीं। अतः मैं ज़रा चकरायी सोचा अन्दाज़ा किया कि किस प्रदेश में शादी होने का खतरा है।

"मियाँ के पास जा रही हो?"

"नहीं!" मैंने चाहा विषय बदल जाता तो अच्छा होता। बेकार कौन हमदर्दी वसूल करे।

"नहीं... तो... मैं बम्बई जा रही हूँ... शादी... शादी तो नहीं हुई। मैंने ज़रा दिल में कुछ गरीब-सी होकर कहा।

हालाँकि शादी के खिलाफ कॉलेज के मुकाबलों में प्रथम इनाम मिला था और अब भी। खैर अब तो... "हाँ"... मैंने कहा।

वह हैरान होकर इतनी ज़ोर से उछली कि बच्चे के मुँह से दूध छूट गया। और वह बकरी की तरह चीखा। मैंने ध्यान बँटाने को उनका ध्यान बच्चे की तरफ करना चाहा। मगर वह टटोल-टटोलकर बच्चे की नाक में दूध ठूँसने लगी और मैं यहाँ कुछ नहीं लिखना चाहती कि मुझे उन्होंने किस रहम और मेहरबानी भरी आँखों से देखा। उन्हें मुझसे मुहब्बत आने लगी और मैं डरी कि वह कहीं मुझे चिमटाकर रो न पड़ें। उनका दिल बहलाने के लिए मैंने चने वाले को बुलाया। मगर वह वैसी उदास रही। उन्होंने मुझे दो-एक दाँव-पेंच एक अच्छा पति फाँसने के बताये। जो बाद में तजुर्बे से बिलकुल बेकार साबित हुए।

मेरी दुआ शायद ज़रूरत से अधिक कबूल हो गयी। या शायद खुदा के हजूर में लिखने वालों की गलती से दोबारा अर्ज़ी कबूल हो गयी कि एक फौज इन्सानों की फिर आयी इस फौज में बड़े-बड़े रेशमी बुर्के और छतरियाँ बड़ी संख्या में थीं। उनके साथ गन्ने भी थे जिनके टुकड़े नाप-नाप कर इतने बड़े किये गये थे कि रेल के किसी कोने में ठीक से न रखे जा सकें। उनके बिस्तर और सन्दूक कुछ ऐसे थे जो किसी पटरी के ऊपर या नीचे किसी अन्दाज़ से भी न रखे जा सकते थे। इन बीवियों ने आते ही रेल में हलचल मचा दी। सन्दूक़ और पुलंदे घसीटकर तबाह कर दिया। पहले वाली यात्री की ज़िद्दी पोटलियाँ जो शायद ताक में थीं कि बच्चों और महिलाओं पर गिरें और वह एक

दूसरे पर गिरें।

"कहाँ जा रही हो?" यह भी कुछ परेशान सी थीं।

बताया।

"कहाँ से आ रही हो?" बोलीं। हालाँकि अभी ठीक से जमी भी न थीं। बुर्का फाँसी लगा रहा था। मगर बताया।

"मैके जा रही हो या ससुराल?" काश मुझे पता होता मगर चूकने का मौका न था।

"ससुराल!" ऐसे कहा कि वह औरत जो पहले बहस कर चुकी थी न सुन पायी।

"क्या करते हैं मियाँ!"

अब मैंने सोचा कि कुछ तो करते ही होंगे। बेकार तो काहे को फिरते होंगे, मगर काश वह मुझे भी बता देते तो अच्छा ही होता बहरहाल निखट्टू तो न होंगे पर...

वह खुद ही बोलीं। "रेलवे में हैं।"

"हाँ... हाँ" मैंने अपने जवाब के अन्दाज से उन्हें विश्वास दिलाया। यह ठीक रहा।

मैंने सोचा रेलवे का आदमी खूब रहेगा। मज़े से मुफ्त के टिकिट तो मिलेंगे। हिन्दुस्तान भर में घूम लो और मुझे वर्दी भी इन कमबख्तों की कुछ पसन्द है। विशेषकर वह सीटी और टोपी। लाल-हरी झंडी... अच्छा ही हुआ कि यह बेचारी मिल गयी, वरना अपने को तो कभी गार्ड-बाबू आदि का खयाल भी नहीं आया। ऐ हाँ सच तो है।

"कौन काम पे हैं वह रेल में।"

किसी ठीक ही काम पर होंगे... और क्या मुझे खयाल ही न आया कि गार्ड-बाबू की बीवी बनना तो आसान है।

मगर यह तफसील ज़रा भारी खुराक है।

“फिर भी क्या काम करते हैं रेल में तो हज़ार से अधिक काम हैं।”

“ऐ...टी टी...कुली...” मैं ऐसी बौखलायी कि कुछ बन न पड़ा... सामने एक कुली बड़ा सा बण्डल... एक बिस्तर ... आधी दर्जन सुराहियों की सीढ़ी और दो लोटे लिये चला आ रहा था और ऐसे बन रहा था जैसे बहुत भारी हैं।

“कुली... तुम्हारा मियाँ कुली है।” हैरत का एक दौरा उन पर भी पड़ा। मैं चाहती थी ज़रा धीरे-धीरे बातचीत करें वरना कहीं हमें पहली वाली न सुन लें। उनका बच्चा सुकून से दूध पी रहा था मगर एक बार बात निकल जाये तो फिर भी उस पर ही जम जाती हूँ और यहाँ तो जमने के वैसे ही लाले पड़ते थे।

“हाँ... आं कुली ही सही फिर तुम्हें क्या।” मैंने ज़रा बुरा मान कर कहा।

“तुम्हारा में... मियाँ कुली।”

“हाँ फिर... तुम क्यूँ जलो... तुम्हारा जी चाहे तो तुम भी कुली से कर लो... दस कुलियों से करो। कौन रोकता है, इतने तो सस्ते हैं कुली।” मगर मैं ज़रा चुप रही और मज़लूम-सी सूरत बना ली।

बोलीं।“कैसे हो गयी तुम्हारी शादी कुली से?”

और मैं सोचने लगी, कुलियों से किस तरह शादियाँ होती हैं, मैंने चाहा दिल से कुछ गढ़ूँ, किसी शादी का हाल ... मगर दिलचस्प न लगा।

फिर मैंने कहा।“एक कुली था।”

उन्होंने ध्यान से सुना।

"वह रहा करता था।" मैं चाहती थी वह मेरी हर बात पर "हूँ" करें या कम से कम सर हिलाएँ।

"फिर क्या हुआ कि एक दिन... कि" काश मुझे पता होता। इस समय कोई किस्सा भी तो न याद आया।

"वह ले जा रहा था सामान।" मैंने चाहा वह पूछें किसका। और उन्होंने पूछा।

"एक बहुत ही खूबसूरत लड़की का... फिर वह लड़की... वह लडकी आशिक हो गयी।

"कौन लड़की?"

अरे यह तो पता ही नहीं पड़ा। खैर क्या बुराई है। कोई बात नहीं... ज़रूर होगी ही कोई लड़की... कोई खूबसूरत-सी लड़की होगी।

"तो वह कुली पे क्यूँ आशिक़ हो गयी?"

"वह आशिक़ यूँ हो गयी... कि... अरे भई अब यह क्या पता, कोई तो कारण है ही आशिक़ होने का... वह मुस्कुराया होगा, उसे देखकर इतने में एक बेहद भयानक किस्म का बाबू मुझे देखकर मुस्कुराया और मैं डरी कि कहीं सचमुच आशिक़ न होना पड़े। अभी इन्टरव्यू में जाना है। सुनते हैं इश्क़ में बड़ी हालत खराब होती है, भला प्रदेश में कहाँ आशिक़ होती फिरूँगी, जसीम भाई के यहाँ जाना है और वह हैज़े के बाद बस इश्क़ से घबराते हैं, खैर बात गुज़र गयी होगी।

"ऐ बहन यह क्या कह रही हो... कौन लड़की किसका इश्क़। मैं कहती हूँ तुम्हारी शादी कैसे हुई।"

"हाँ! इन बेचारी की शादी नहीं हुई।" आखिर को पहली वाली महिला यात्री को पता चल ही गया न...

कितनी बार कहा धीरे बोल धीरे... मगर यह लीजिए वह कुली भी हाथ से गया।

"जब नहीं होती थी।" मैंने चाहा शायद मान जायें।

"उई। क्या रेल में बैठे-बैठे हो गयी।"

काश ऐसा हो सकता... काश गर्मा-गर्म चाय की बजाय लोग अमीर, कमाऊ पति बेचते होते तो यात्रा के लिए मैं ज़रूर ले लेती। फिर चाहिए... फिर देखा जाता और मैंने इरादा कर लिया कि भई अबके एक मुनासिब किस्म का मियाँ ढूँढना चाहिए। अब इसमें क्या टोटा है अपना। ठीक ही रहेगा। बला से हर यात्री से नये-नये झूठ तो न बोलने पड़ेंगे कि भई किसी ने पूछा तुरन्त मियाँ हाज़िर।

"अरे भई अच्छे लड़के कहाँ मिलते हैं।" वह मेरे भविष्य से ना-उम्मीद हो बोलीं।

"मोटर माँगते हैं, गाड़ी-घोड़ा दो... और भई कमाऊ हों जब ही ना। ऐसे मिल जाते हैं, कमाऊ लड़के।"

मैं दुखी हो गयी। आखिर यह कमाऊ लड़के क्यूँ नहीं होते। कमबख्त अच्छे लड़के पहले ज़माने में कितने होते थे। मूली-गाजर की तरह अब चाहो कि आँख में लगाने के लिए अच्छा-सा लड़का मिल जाये तो नहीं। इस लड़ाई ने तो उजाड़ कर रख दिया। चलो भई पहले लड़के तो थे कमाऊ थे या निखट्टू। पर अब तो जिसे देखो लड़ाई पर चला आ रहा है लो साहब यहाँ तो बीवियाँ ताने दे रही हैं और लड़के हैं कि मरने-कटने पर तुले हैं।

"तुम फिर शादी क्यूँ नहीं कर लेतीं।" एक बोली।

"जैसे आपकी मर्ज़ी..." मैंने मासूम लड़की की तरह देखा, जिससे माता-पिता शादी तै करने के बाद रोशन

खयाल बनने के लिए राय लेते हैं।

"कब करोगी फिर अब नहीं करोगी तो?"

"अब... यानी अभी... मेरे खयाल में... तो... अगर जंकशन तक ठहर जाते तो अच्छा होता।"

"यही कि... जब आपकी मर्जी है तो फिर क्यूँ इस नेक काम में देर की जाये।

"कैसा नेक काम?... क्या कह रही है लड़की?"... बहुत ही घबरा गयीं।

"मैंने पूछा... भई शादी क्यूँ नहीं करती तुम।" दूसरी बोली।

"तुम क्यूँ नहीं करतीं शादी। बस?"... मैं अब काफी जल उठी थी... हालाँकि उनका बच्चा बराबर दूध पी रहा था मगर मैंने उसे नज़रअन्दाज़ कर दिया।

"उई... मालूम होता है दिमाग़ भी खराब है।" वह बच्चे को और सामने लायी। ताकि यह ना-मालूम हो कि वह केवल गोद में सो रहा है।

"तो अच्छा तुम्हारी शादी हो गयी। कब की तुमने शादी।" मैंने पूछा।

"हमारे माँ-बाप ने हमारी शा... हम खुद क्यूँ करते।"

"तो आप शादी के खिलाफ़ हैं। ठीक है... बिलकुल ठीक मेरे माँ-बाप ने शादी की 'जाहिल इन्सान' इसके बाद वह कुछ दुखी होकर नाश्तादान में से इमरतियाँ निकाल कर दुख दूर करने लगीं।

एक खुदा जब दुआएँ कबूल करने पर आता है तो यूँ दुआ कबूल करता है? तेरे बन्दों को किसी तरह चैन नहीं, यह तेरी नाचीज़ बन्दी तन्हा थी, इसने दूसरी सवारी चाही

तो तूने यूँ अज़ाब की तरह मुसाफिर लाने शुरू किये और मुसाफिरों से अधिक सामान। वैसे भई हमें क्या हक कि तेरे कामों में दखल दें मगर परवरदिगार इतना तो सोचा होता कि इन्सान में तूने जितनी बर्दाश्त दी है उतनी ही बोझ लादा, कहते हैं हम तो बस।

और मैं डरी कि अगर दुआओं के कबूल होने का यही ढंग रहा, तो कहीं वह पति के लिए भी जो अभी-अभी दुआ माँगी थी उसका भी कुछ ऐसा ही किस्सा न हो और ले चलाचल एक-प-एक! मेरा तो दम टूट जायेगा! मैं एक के ही कमीज़ में बटन लगा दूँ और चाय बना दूँ तो बहुत जानूँ। मुझसे भला इतने काहे को झेले जायेंगे, सुस्त मिट्टी वैसे ही हूँ। अब इतने मियाऊँ को कौन मेरे बैठ के भुगतेगा। कहते हैं कि डाकखाने में अगर भूले से गलत खत चला जाये तो थोड़ी सी रिश्वत लेकर वापस ले सकते हैं। काश दुआओं के मामले में कुछ ऐसी ही व्यवस्था हो। मगर दुआ एक बार माँगी जा चुकी थी और लगातार कबूल हो रही थी।

नयी महिला यात्री सुशील थीं और आवश्यकता से अधिक दूसरों के लिए फिक्रमन्द, कुछ बीमारी, कुछ धीरे-धीरे बोलने की आदी। मुझे उन पर बेहद प्यार आने लगा।

"हैदराबाद जा रही हैं आप" उन्होंने बड़े शौक से पूछा, मैं डरी कि इनकार कर दूँगी तो खफा हो जायेंगी। अतः मैंने प्यार से इनकार किया और बताया कि बम्बई जा रही हूँ।

"अहमदाबाद से आयी होंगी।" किस हुशियारी से वह पुरानी बोतलों में नयी दवा भरकर सर सहलाकर पिला रही थीं, मगर उनका चेहरा इतना रोया हुआ सा था कि दिल

दुखाने की हिम्मत न पड़ी।

मैंने बताया।

"पढ़ती हैं वहाँ।"

"जी नहीं! इन्टरव्यू के लिए जा रही हूँ।"

"मेरे एक चचा के साले की खाला भी बम्बई में रहती हैं, उनसे मिलिएगा।"

मैंने वादा कर लिया। भला मैं कहाँ उनके चचा के साले की खालाओं को ढूँढ़ती!"

"वहाँ आपके माता-पिता हैं।"

"नहीं मेरे..." बोलने ही न दिया। खुद बोली।

"अच्छा आपके पति होंगे!"

घिन! वह देखिए घुमा-फिराकर वही एक टाँग मुर्गे की पति। पति हिन्दुस्तान के, पति इतने मरखने नाकें काट लें। तलाक़ें दे दें। बड़ी मुश्किल से मिलें और मिलें तो निखट्टू! रंडीबाज़ी करें, जुआ खेलें मगर बीवियाँ हैं कि वारी जा रही हैं, जिसे देखिए पति के ज़िक्र में व्यस्त, जिसे देखिए अपने या पुराने पति का रोना रो रही हैं। कुँवारियाँ हैं पति के गीत गा रही हैं, ब्याही जा रही हैं, प्रीतम पर फ़िदा और यह प्रीतम कितने खून थुकवा-ले दे रहे हैं, इनं पर तो यह हाल है अगर ज़रा लाड़ कर लेते तो न जाने क्या होता। मैंने सोचा मियाऊँ के .ज़ुल्म में भी कुछ हिकमत है।

"कहाँ रहती हैं आप बम्बई में... बच्चे हैं आपके।" मैं तो सोच में पड़ी थी और वह मियाँ के बाद बच्चों पर उतर आयीं।

"आठ" मैंने प्लेटफार्म पर कुत्ते गिनते हुए कहा। यह रेलवे के साथ यात्रियों से अधिक कुत्ते कहाँ से आते हैं।"

"हाँ... क्यूँ आप क्यूँ बुरा मानती हैं? विश्वास न आये तो उतरकर गिन लीजिए।

"अब मैं रास्ते में कैसे उतरूँ... हाँ इंशाअल्ला कभी आना हुआ, मेरा चचा के साले की खाला के यहाँ तो... मगर बहन मालूम तो नहीं होता मुँह से।"

"मुँह से मालूम ही क्या होता है?" मैंने फलसफियों के अन्दाज़ में कहा। जब दुनिया से मुझे नफरत होने लगती है और हर चीज़ मुर्दा-सी और उदास ही मालूम होती है तो मेरे दिमाग़ में फलसफा(Philosophy) भरने लगता है।

"शादी को कितने बरस हुए" उन्होंने कुछ देर बाद पूछा।

"चार बरस तीन महीने और..."

"और आठ बच्चे? ऐ बहन मैं समझती थी चलो होंगे। मगर।" होजा अब और नहीं दबूँगी, वरना बच्चों के बाद यह नवासे-पोते भी मेरे सर मढ़ देंगे और वह बीवियाँ जो मेरी हालत से परिचित हैं उँघ न चुकीं। फिर बेकार ले-दे पड़ेगी। आठ बच्चों से वैसे ही रूह काँपती जा रही थी।

"हाँ-हाँ कहती तो हूँ। आठ।"

"माशाअल्लाह सब ज़िन्दा हैं। मगर बहन यह हुए कैसे?"

"कैसे होते हैं? दुनिया-जहाँ में होते हैं। वैसे ही हुए होंगे।"

"मेरा मतलब है. चार साल में?"

"हाँ मैं समझी। अच्छा यह मालूम करना चाहती हैं आप तो... यह हुआ कि कभी दो, कभी तीन। और"

"हे-हे" वह काँपीं। और मुझे बुरा लगा कि आखिर

यह कौन होती हैं। बुरा मानने वाली। यह मेरा निजी मामला है, आखिर उन्हें क्या चाहिए, कोई एक बच्चा दे चाहे एकदम दस। वही हुआ जिसका मुझे डर था। पिछले मुलाकाती जाग उठे।

"सुना बहन इनके दो-दो तीन-तीन एक साथ हुए बच्चे।" उन्होंने शिकायत की और वह घबराकर अपने बच्चे गिनने लगीं क्यूँकि सिवाय बच्चों के उन्होंने कुछ नहीं सुना।

"क्या किस्सा है।" दूसरी बोली।

जब किस्सा समझा दिया गया तो तीनों बिगड़ खड़ी हुईं।

अभी कहती थीं शादी नहीं होती और अभी दो-दो तीन-तीन बच्चे होने लगे।" एक ने डाँटा।

"मेरी क्यूँ न होती शादी खुदा न करे। तुम्हारी ही नहीं हुई होगी। बात बिगड़ने लगी। पास से एक टिकिट-चेकर गुज़रे या जाने कौन थे नज़र कीजिए तो हर रेल का नौकर टिकिट-चेकर ही लगता है। मैंने झुककर उनसे समय पूछा वह बताने के बाद मुस्कुराने लगे और मुस्कुराते हुए चल दिये।

"तुम तो कहती थीं अकेली जा रही हो और यह तुम्हारे..."

"यह मेरा नवासा है।" इससे पहले कि वह कोई रोमांटिक सा सम्बन्ध उससे बनायें।

"नवासा?" तीनों चीखीं।

अल्लाह यह आज इन लोगों को मुझसे कहाँ का बैर पड़ गया था कि मेरे खानदान के हर सदस्य के ज़िक्र पर

बन-बन कर चौंक रही थीं।

"क्या कहती है लड़की। यह तेरा नवासा कि..."

"तो आपको क्या?"

"बहन बाल तो सफेद थे उनके।" दूसरी बोली।

"नज़ला से हो गये होंगे।" मैं बड़बड़ाई।

और फिर मैं बिलकुल खिड़की से बाहर झाँकने लगी, आत्महत्या को दिल न चाहा, चलती रेल से उतरने की प्रैक्टिस न की। ज़मीन सख़्त और आसमान दूर।

होने वाली बात होकर रहती है, जब अधिक सामान तुलवाकर बिल्टी देने लगी तो क्लर्क ने कहा। "आपका नाम। पति का नाम?"

"चुग़द।" मैंने दाँत पीसकर कहा।

"चौखे...? कैसा ओंडा नाम है।" उसने आश्चर्यचकित होकर क्लर्क के कोहनी मारी।

यह बताने की शायद आवश्यकता नहीं कि जब उसने मुझे मिसेज़ चौखे बनाकर रसीद दी तो मैंने उसके मुँह पर पर्स एक मोटी किताब सहित खींच के मारा और यह सब कुछ हुआ बस एक शौहर (पति) की खातिर!

बावर्ची

मेरा बावर्ची... काश इन ग़रूर में डूबे हुए शब्दों को मुँह से निकालने से पहले इन्सान इतना सोच ले कि यह दुनिया फानी(नश्वर) है! मूर्ख! यहाँ कोई किसी का नहीं, दो दिन की चाँदनी और फिर घोर अँधेरा है। मेरा-तेरा कुछ नहीं तो फिर बावर्ची जैसी न टिकने वाली हस्ती जो चलती-फिरती छाया है, आज यहाँ, कल वहाँ... किसी की कैसे हो सकती है बेटे! आज मज़े से क़ोरमा उड़ा रहे हैं तो कल एक-एक टुकड़े को मोहताज, होटलों की दर-बदर खाक छान रहे हैं। अभी-अभी यह सोच रहे हैं कि इतवार को जो दोस्तों की दावत की है उसमें शाही टुकड़े और फिर्नी काफी होगी या दो-चार अंग्रेज़ी मिठाइयाँ भी बनवा ली जायें, और बावर्ची तो है ही, क्यूँ न लोगों पर रौब डाल दिया जाये। लेकिन अचानक खबर मिलती है कि बावर्ची को शरीफ या प्यारे पड़ोसी ने पाँच रुपया अधिक देकर हज़म भी कर लिया जैसे चील झपट्टा मारकर बच्चा पंजों में दबोच ले जाती है और ग़रीब मुर्गी रोती रह जाती है बिलकुल उसी तरह लाचार खराब ज़ायके वाले होटलों से ज़िन्दगी के दिन गुज़ारने लगते हैं।

मेरा बावर्ची... जी मैंने गलती की... काश मेरा... भी कोई बावर्ची होता, यहाँ इस घर में जिसका किराया मैं अदा

करती हूँ। बेशक एक जिन्नाती किस्म का बावर्ची रहता है जिसकी मिल्कियत तवा-चूल्हा आदि है और उसके इलाके में चिमटा, फुकनी और झींगरों, चूहों आदि के अतिरिक्त दो नाकाबिले यकीन इन्सान भी रहते हैं। शायद पढ़ने वालों को शुबा हो रहा है कि बावर्ची बेहद गुस्ताख़ और मरखना होगा। जी नहीं। सारी मुसीबत तो यही है वह खतरनाक हद तक फरमाबरदार है। लोग कहेंगे तो फिर ज़रूर मेरा दिमाग खराब है। जी नहीं। जहाँ तक आप मेरे बावर्ची की राय लें तो वह ज़रूर जनता के लाभ के मक़सद से मुझे खत्म कर देने या किसी दिमाग़ी अस्पताल में दाखिल करने का मशविरा देगा।

हाँ तो काश यह बावर्ची और दूसरे बावर्चियों की तरह ज़रा बदतमीज़ थोड़ा-सा गुस्ताख और ज़िद्दी होता तो ज़िन्दगी कितनी दिलचस्प और अच्छी गुज़रती। अगर वह थोड़ा सा असभ्य होता तो मैं कितनी आसानी से कुर्सी पर उकड़ूँ बैठकर खाना खा सकती। क्यूँकि मुझे इस तरह खाने में मज़ा आता है मगर क्या होता है ज्यूँहि मैं कुर्सी पर आलथी-पालथी मारती हूँ। उसे या तो जादू के ज़ोर से पता चल जाता मेरी जाकर शिकायत करता है और किसी न किसी बहाने सर झुकाए आँखें नीची किये पीठ पर हाथ बाँधे आ जाता है। अगर उसकी शरारत बीच में न आती तो उसके पकाये हुए खाने की तौहीन की सज़ा में वह मुझे कुर्सी पर से धक्का देकर गिरा देता। अब मैं लाख चाहती हूँ कि ढिठाई लादे वैसे ही बैठी रहूँ मगर न जाने कौन सी चुम्बकीय शक्ति से बेजान होकर मेरे पैर स्वयं कुर्सी से

फिसलकर लटक जाते। उस समय मेरी इतनी ज़लालत होती कि कुछ मैं ही जानती हूँ। कमतरी का अहसास एकदम काबिले बर्दाश्त तरीके से बढ़ जाता है और अपनी हस्ती बहुत नकारा, छोटी और बेकार मालूम होने लगती है। साथ-साथ देखती हूँ कि मैं उस छुरी से जो ''केवल, मछली खाने के लिए लगायी गयी थी आके कबाब खा रही हूँ। मेरी बुज़दिली कहती है कि ज़ालिम की नज़र बचाकर छुरी बदल लूँ। बग़ावत कहती है नहीं इन पाबन्दियों को तोड़कर आज़ाद हो जाऊँ। इसलिए ग़लत छुरी से ग़लत खाना खाने पर बहुत इस्तेमाल से मसरूफ रहती हूँ। मैं तरक्की पसन्द हूँ, किसी की हुकूमत सहना शान के खिलाफ समझती हूँ। बावर्ची कुछ नहीं बोलता। लेकिन उसके यह तो अर्थ नहीं कि खामोश रहता है। क़ुदरत के बनाए हुए उसूल पर अमल करके वह ज़बान से बोलना अपनी हतक समझता है मगर उसका झुका हुआ सर पश्चाताप से हिलता है, नीची आँखें उस शर्मनाक नज़ारे की ताब न लाकर और झुक जाती हैं। कन्धे नफरत और हिकारत से मुतासिर होकर अर्थपूर्ण झटके देते हैं और जिस तरह बिल्ली को देखकर चूहा हिम्मत हार जाता है मेरी भी तमाम शक्तियाँ थम जाती हैं। छुरी-काँटे रस्सियाँ तुड़ा हाथों से भागना शुरू कर देते हैं और ऐसा मालूम होता है आलू के कबाब नहीं खा रही हूँ, बल्कि झख मार रही हूँ, थक-हार कर छुरी-काँटे को सीधा-सीधा प्लेट में लिटा देती हूँ, खुदाए बावर्ची खाना के इशारे से बैरा मौत के फरिश्ते की तरह प्लेट मेरे सामने से झपट जाता है और आधा खाया हुआ वह कबाब के खयाल को खून के घूँट की

तरह पी कर रह जाती हूँ। प्लेटों की उस आवाज़ के कारण दिमाग़ का सन्तुलन कुछ ऐसा बिगड़ जाता है कि बदहज़मी की नौबत पहुँच जाये। फिर भी एक न मिटने वाली भूख छायी रहती है। जब से यह बावर्ची आया है, ऐसा मालूम होता है मैं खुद अपने घर मेहमान आयी हूँ।

खैर अगर इतनी ही बात होती तो सब्र आ जाता। दिल को समझाती कि दुनिया भी तो एक सराय है, हम सब मेहमान तो हैं न जाने कब सफर की तैयारी शुरू हो जाये मुझे इस सफर से बिलकुल इन्कार नहीं लेकिन यह भी नहीं जानती कि समय से पहले कुश्तम-पुश्तम भाग निकलूँ, आत्महत्या पाप है। मगर मैं सच बयान करती हूँ कि अगर मैं इस बुरे काम की कभी करने वाली हो जाऊँ तो कानून से फाँसी, इस बेरहम बावर्ची को मिलनी चाहिए, मैं सब कुछ बर्दाश्त कर सकती हूँ मगर यह जो आये दिन खानों के तजुर्बे किया करता है उन्हें सहना मेरे बस का रोग नहीं। दुनिया जानती है कि खाना इन्सान की दिलचस्पी के लिए पकता है। न कि इन्सान खाने के नाज़ उठाने के लिए, ज़बान खाने चखती है न कि खाना ज़बान को... फिर क्या कारण है कि यह ज़ालिम ऐसे नये खाने बनाता है जो अगर आतिशबाज़ी के लिए प्रयोग किये जायें तो कानून की मार में डर, आ जाने का डर हो। पहली बात तो उन खानों की पहचान करना ही मुश्किल होगा, चिमटे, फुकनियाँ और बेलन आदि से पक गये हैं खैर जब यह ग़लतफहमी दूर हो गयी तो पूछिए कि यह क्या, जिस खुराक इन्सानी होने का इल्ज़ाम थोपा गया है कभी मालूम होगा रोटी की ठोस

गोलियों को घी मसाले में लीथड़ दिया गया, कभी शुबा होगा बच्चों के खिलौने और सिंगार की चीज़ों को इस तरह काम की बनाने की कोशिश की गयी है। महँगाई का दौर है जो कुछ भी कम-खर्ची की आड़ लेकर न कर डाला हो कम है। अब इस अरसे में निर्णय-शक्ति बिलकुल बेकार हो चुकेगी। कभी तो असल फलों का लखनऊ की दस्तकारी समझकर बेवकूफी का सबूत देना पड़ेगा और कभी बनावटी कागज़ के फूलों को असली समझकर बच्चों जैसी हरकत हो जायेगी।

लोग कहेंगे भई क्या बावर्ची है। क्या मेज़ सजाता है मगर मैं खूब जानती हूँ। वह सब कुछ क्यूँ करता है। बेवकूफ बनाने के लिए, वह बड़े सोच-विचार के बाद यह जाल बिछाता है और जब हम उसमें उलझकर क़लाबाज़ियाँ खाने लगते हैं तो निहायत दाद तलब निगाहों से तमाम बदहवासियों को ध्यान से नोट करता जाता है ताकि पड़ोस के तमाम बावर्चियों के सामने उनका मज़ाक उड़ाकर मजा उठाए, यह सब वह केवल उल्लू बनाने के लिए करता है वरना स्वयं ही सोचिए आक़ा और खादिम के बीच यह साली-बहनोई जैसा रोमंटिक मज़ाक क्या अर्थ रखता है। अभी पिछले दिनों का जिक्र है कि मेज़ पर एक अजीब हयूला एक बड़ी सी प्लेट में नज़र आया, सब ऐसे चौकन्ने हो गये जैसे दुश्मन के फेंके हुए बम को देख लिया हो। बेहद होशियारी से बावर्ची की आँख बचाकर पहचानने की कोशिश इतनी ही बेकार   और मुश्किल हुई। जैसे दरिया में कूद पड़ने के बाद सूखा रहना, मजबूरन उसकी अर्थपूर्ण

मुस्कुराहट से दहशतज़दा होकर ऐसी सूरत बना ली जैसे पहचान गये कि क्या पकाया है। हमारे प्यारे बावर्ची ने अब निहायत अदब के साथ क़ाब उठाकर एक-दूसरे के सर मढ़ना शुरू की।

"ओ हो... शुक्रिया... मगर मेरा तो परहेज है... ज़रा-सा ले लूँगा। पहले आप लीजिए"... बदकिस्मती से एक बिन बुलाए मेहमान भी आ गये थे, धर लिये गये बेचारे। अब काँपते और तरसते चारों तरफ से देख रहे कि किस रुख से और किस हथियार से हमला करें। क़िला फतह करने की कोशिश है और इसमें जो हारे और सफेद फूल रखे हैं उन्हें खा ही जायें या वह केवल नुमाइश के मकसद से रखे गये हैं। विश्वास कीजिए यही साहब एक बार पूरा कागज़ जो सजावट के मकसद से लगाया गया था निगल चुके थे। कमबख्त बावर्ची हर नए खाने के साथ कम से कम एक पर्चा उपाय-प्रयोग तो दे दिया करे, जी नहीं वह बेहद अदब के साथ कुछ दूर खड़ा मज़ा ले रहा है। जब मेज़ पर रखे हुए सब हथियार नकारा साबित होकर फावड़ों, हथौड़ों और दवाइयों की आवश्यकता महसूस होगी तब वह बेहद मासूम और भोली आवाज़ में बताएगा कि बजाय पागलों की तरह कुश्ती लड़ने के अगर उसी चीज़ को सीधे-साधे चमचे से निकाला जाता तो कभी इतनी बेलगाम न हो जाती। यही हुआ जब वह गरीबन मेहमान अच्छी तरह शारीरिक और दिमाग़ से हार चुके तो पता चला कि जिस चीज़ को वह बहुत जोश से हलाल कर रहे थे वह केवल रकाबी पेंदा था, आदमी वहमी हैं, खाने से पहले सारे

आत्मसम्मान को ताक पे रख कर बेहद परेशान होकर पूछा यह है क्या? जवाब मिलता है।

"सरकारी हवेरियाँ!"

"ई भपोरियाँ... कैसी बहेवरियाँ?"

"जूतियाँ हज़ूर।"

यह लीजिए। क्या जवाब दिया है, जैसे कमबख्त बहपोरियाँ भी फलसफा हो गयीं। जो हम जैसे कोढ़मग़ज़ों की समझ में न आयेंगी और केवल उनका होना तो इस बात की दलील नहीं कि अब उन्हें भी खाना भी पड़े। यूँ होने को तो दुनिया में हज़ारों चीज़ें होती हैं जवाब मिलता है।

"सरकार मूँग की दाल से बनती हैं।"

अब भला मूँग की दाल जैसी शरीफ जिंस पर कौन शुबा कर सकता है अगर नारियल के खोल, छुवारे की गुठलियों आदि से यह हरकत हो जाती है तो काबिले माफी मगर यह मूँग की दाल और इस दरजा कमबख्त!

इसके साथ-साथ यह भी समझा देता है कि यह पहनोरियाँ नसीम, अशोक कुमार, चन्द्रमोहन, देविका रानी आदि का पसन्दीदा खाना है। अब किस में इतनी शक्ति रह जाती है कि इन अज़ीमुश्शान बहपोरियों को खाने से इनकार करे। जिन्हें नसीम, कौन नसीम? वही पुकार की मलिका नूरजहाँ पसन्द कर चुकी है मगर मैं खूब जानती हूँ कि जैसे हम बच्चों को शादी होने के नाम से डराते हैं इस तरह मुझ पर रौब डालने के लिए यह बावर्ची बड़े इज़्ज़तदार हस्तियों के अफसाने सुनाता है। जिनके यहाँ वह नौकर रहकर बहपोरियाँ खिलाने के दावे करता है और यह भी मुझे मालूम

है कि इन बेचारियों के सर मुफ्त इल्ज़ाम थोप रहा है अगर हमारे सिवा किसी खुद्दार और होश रखने वाले इन्सान के सामने यह इन मनहूस बहपोरियों का नाम भी ले देता तो आज यूँ हँस-हँस कर हमारे सीने पर मूँग न दलता होता। कभी का ऊपर पहुँच चुका होता और आज मैं बजाय अपनी कमी पर मातिम करने के उसका मर्सिया लिखकर शोहरत हासिल कर चुकी होती।

मुझे यह पता चला है कि इस समय तमाम पढ़ने वाले मेरे वजूद पर लानत भेज रहे होंगे। फूहड़ हूँ, खानादारी से परिचित नहीं वरना औरत होकर एक मामूली बावर्ची से इस हद तक दबने का, क्या अर्थ? तो मेरा यह कहना है कि मेरा बावर्ची नाज़ुक नस्ल से नहीं जिसे ज़बरदस्त नस्ल रौब में ला सके। वह बावर्ची है।

तलना, पकाना, भूनना, झुलसना और जलाना उसका पेशा। कुचलना, पीसना और काटकर नमक छिड़कना उसकी व्यस्तता, अच्छी बातों से उसे कोई वास्ता नहीं।

मगर बावजूद इन मज़ालिमे माशुकाना के अगर बावर्ची को बुखार आ जाए। किसी शादी-ब्याह में छुट्टी पर चला जाये या कोई बेईमान पड़ोसी उसे हड़प कर जाये तो सारे घर का वही हाल होता है जो दूध पीते बच्चे की दूध की बोतल टूट जाने पर। बात यह है कि वह हमारा आक़ा है और हम उसके... क्षमा कीजिए मैंने गलत कहा। मेरा मतलब है... वह हम इस ओह... खैर जाने दीजिए।

बचपन

अभी कुछ दिन ही का ज़िक्र है कि लायब्रेरी साफ करते में 'इस्मत' के पुराने पर्चे पर नज़र पड़ी। एक विषय को देखकर न मालूम कहाँ से कहाँ दौड़ गये यह लेख मिस हिजाब इस्माईल का था और विषय 'बचपन' था।

मिस हिजाब इस्माईल (जबकि वह मिसेज़ हिजाब इस्माईल थीं) अखबारों की हीरोइन थीं, एक रोमांटिक-सा नाम जिसमें कुछ ज़ज़्बात, कुछ नज़ाकत और कुछ अफसुर्दा हुस्न की झलक थी और फिर उनके विषय 'ओह माबूद', 'लफ्ज़ों की मुसलसल कतार', 'दरीचा', 'समुन्द्री कोट', 'काहीदा जिस्म', 'मोमबत्ती जैसी उँगलियाँ', 'डॉक्टर गार', 'बूढ़ी भैंस', 'चूहिया जूनाश' और ऐसी ही अक्ल से ऊपर की बातें, कुछ अजीब सा बेवकूफ़ बन जाने पर मजबूर करती हैं।

यह लेख उनके सुरीले बचपन से सम्बन्धित था। हमें एक मुस्कुराहट का अहसानमन्द होना पड़ा। बचपन जिसे देखो बचपन के मीठे नग़मे गा रहा है। बेफिक्री का ज़माना, मुसर्रत से भरपूर घड़ियाँ और खेलकूद के दिन अधिकतर बचपन से सम्बन्धित समझे जाते हैं। हम खुद जब सबको बचपन की मज़ेदार बातें और विभिन्न प्रकार के लाड़-प्यार के किस्से सुनाते देखते हैं तो असलियत को ज़रा वैसा करके

सुना देते हैं। यूँ खेला करते थे, यूँ अम्माजान ने प्यार करके कलेजे से लगा लिया। यूँ खिलौने भेंट में आया करते थे। आप ही बताइए कि क्या करें क्या सबसे कह दें कि भाईजान बच्ची लाखों पाये अच्छा हुआ कि वह न टिकने वाला ज़माना गुज़र गया। हम जो यह कहते हैं जो यह न टिकने वाला न होता तो हम लोगों का जिनके न तो 'चचा' कैप्टन हार्ली और न 'काहीदा जिस्म' और न कभी क़हवा आदि मिले, चाकलेट के बण्डल खाने को मिले, कैसे गुज़र होता। हम तो जब तक छोटे रहे बन्दर जैसी हालत रही। सुबह हुई और आपा ने लोटा और मंजन का पूड़ा सँभाला और पूरी फौज का मुँह धुलाना शुरू कर दिया। अब लाख कहते हैं भई कल ही तो मुँह धोया तो जवाब मिलता है फिर रोटी भी आज मत ठूसना कल ही तो खायी थी। अब दीजिए जवाब उनकी फिलासफी का। मंजन मुँह में भर-भर के रगड़े दे रही हैं। तो निशाना तो बाँधती नहीं। कभी उँगली फिसलकर नाक में घुसी जाती है तो कभी गाल को मंजन के घस्से देती। ठोड़ी पर पहुँच जाती है गर्दन पर इस तर पाँचों उँगलियाँ के निशान ऐसे जैसे किराया माँगने वाले तांगेवाले को धक्के दिये जाते हैं। ज़रा सोचिए अब ज़रा काले रह जायेंगे तो क्या बुरा हो जायेगा। खुद आपा मसले हुए कपड़े पहनाते हुए फरमाती हैं, रोज़ साबुन घुसेड़ दूँगी। जैसे अब तक केवल झूठमूठ घुसेड़ रही थीं।

अब मुँह धुलने के बाद तौलिया के दाँव दिखाने शुरू किये। जैसे कोई चटपटी चीज है जो दबकाई जा रही है। चाहे नाक तौलिये ही में लिपटी चली जाये मगर रोओ मत,

सारे काम होने के बाद जो कहा 'खाना' तो कहा जाता है "उई तोबा ऐसी भी क्या बिलबिलाहट है, सुबह हुई और रोटी का पीटना पड़ गया। अभी चील कौव्वों ने कूड़ा भी न कुरेदा होगा। ऐसी ही है तो पेट से रोटी बाँधकर सोया करो।" कहो भला फिर मुँह क्यूँ धुला। चील-कौव्वों का कब धुलता है, मुँह इन्सान धोता है, खाने के लिए एक दिन जो हमारी शौकत आपा बेचारी ने रोज़-रोज़ की मंजनबाज़ी से तंग आकर कहीं कह दिया कि "भई आज मुँह नहीं धोयेंगे क्यूँकि हम खाना नहीं खाएँगे" तो आज तक उनकी खिंचाई होती है।

अब नाश्ता शुरू हुआ, आपा बेचारी का तो यह कि उन्होंने तो रात के कोफ्ते गर्म कर लिये और बासी रोटी में घी और पानी का छींटा देकर बासी खा ली और हम चाय पिये, आपा को चाय खुश्की करती है अब अगर चाय में चीनी नहीं डाली तो फिर लीजिए एक खाई फाँदिए जो माँगी तो कहा गया। "दो हाथ हैं उनसे क्या-क्या करूँ बच्ची ज़रा छुरी तले दम तो ले चीनी पर मरी जाती है चूँटी कहीं की। लो जो थोड़ी देर मिनमिनाने के बाद वैसी ही पी ली तो और आफत "अल्लाह रे नदीदन! ज़रा सब्र न हुआ। वह फीकी ही गटगटा गयी, लड़की ज़ात होकर ऐसी नदीदी क्या फीकी न लगी।"

यह औरतज़ात होकर तो मेरी बड़ी मिट्टी खराब हुई।

अभी नाश्ते करके दो-तीन ही चक्कर लगाये होंगे कि "मास्टर साहब आ गये" को आवाज़ आती। खून में एक किस्म की कमज़ोरी सी आ गयी। नसों और पट्ठों में दम

न रहा। जी चाहा मचल जायें न मालूम अब क्या करें। अब किताबें ढूँढते हैं तो वह नहीं मिलतीं, कमबख़्त दवात कुर्सी पर रखी-रखी आप ही उलट गयी, तख्ती धोना याद ही न रहा। क़लम पर बाजी अपने स्वस्थ शरीर के साथ खड़ी हो गयीं। घर के इस कोने से उस कोने तक अरे भई। हाय अल्लाह! करते चक्कर काट रहे हैं। खैर खुदा करके सारे काम होते गये और चबूतरे पर महिलाओं की शिक्षा की समस्या हल होने लगी :

कमबख़्त एक किताब आफत होकर चिमट गयी। अब्बा मियाँ के रोज़-रोज़ के तबादलों ने एक बराबर अध्यापक तो हम लोगों का रखा नहीं। नयी जगह गये फिर से वही मुहम्मद इस्माईल साहब का क़ायदा या पहली दूसरी किताब शुरू कर दी। किताब का रंग और रूप कुछ ऐसा हो गया कि हम टटोलकर बता सकते थे कि यह हमारी किताब है। मगर इसमें जो अधिकतर विषय ऐसे थे उनसे हम कोरे ही रहे। न मालूम पढ़ाई का कैसा तरीक़ा था कि महीनों परिश्रम करते मगर किसी तरह कुछ शिक्षा प्राप्त न कर पाते।

अब दिल खाना खराब है कि न मालूम कहाँ बहता चला जाता है अपनी हालत को देखिए और दुनिया पर नज़र डालिए। हीना भी बर्तन माँजकर कबड्डी खेल रहा है। उसकी 'बड-बड' पर बेइख्तियार आँख उठ जाती। मंगिया भी गोबर थापकर मज़े से हमारे सामने ही जामुनें झाड़-झाड़ कर खा रही है। यहाँ तक कि ढालो और बुलकाया जो दुबले होने के लिए आज़ादी से दौड़ते और हम "पुल पर

जा" उसका देवर है, गंगा जमना से बड़ी है बका करते।

जब मास्टर साहब मुतमईन हो जाते कि हम लोग ठुक-ठुका चुके और मेरे बाज़ुओं और रानों पर खूब गहरे-गहरे से नील पड़ चुके, औरत ज़ात होने के कारण मास्टर साहब मुझ पर हाथ नहीं उठाते थे, मीठी-मीठी चुटकियाँ लेते थे। हुक्म था कि अगर अन्दर बताया तो मार डालेंगे। जब नहलाते हुए आपा यह नील देखती तो उनमें एक नील और बढ़ जाता कि क्यूँ ऐसी जगह जाती है जो गिरकर नील डालती है। अब इमला की बारी आती। यह बदबख़्त काली रोशनाई ना-मालूम किन साइंटिफिक तरीकों से तैयार की जाती है कि हमारे क़ाबू में तो कभी यह आयी नहीं। कभी तो ऐसी कि कलम जरा लगाओ तो लोथड़े झूलते चले आते हैं और कभी यह धर-धर के कलम ठोंक रहे हैं और स्याही फीकी।

खुदा-खुदा करके छुट्टी मिली। बस्ता बग़ल में, बदबूदार रोशनाई में लिथड़ी हुई उँगलियाँ, तख़्तियाँ घसीटते, मुँह बिसोरते चले आ रहे हैं जो किसी ने कह दिया पीटीं, मत रो, बेचारी! बस वहीं पसर गये। अब जो कहते हैं 'बीवी खाना' तो जवाब मिलता है "मुझे खा लो। ए हाँ नहीं तो" खाने पर हर चीज़ बहुत गरम। बहुत ठण्डी और देर हज़म हो जाती है। बोटी माँगो तो जवाब मिलता है "मेरी बोटियाँ नोच लो" जो कहा "हमें भी अण्डा दो। चुन्नू को जो दिया" तो जवाब मिलता है अब खाँची लाओ तो अण्डा भी दूँ और क्या मरे बाबा ने रखवा रखे हैं। आपा बेचारी को बस कुछ हड्डियाँ एक आध सीने की हड्डी मिल गयी वह उन्होंने खा

ली। सालन न बचने की वजह से दो-तीन अण्डे तलवाये बाँटने वाले की यही तो खराबी है कि उलटा-सीधा मिलता है। दोपहर को चुन-चुन कर सबकी एक लाइन बना दी। खस की टटी लगी है। पंखा चल रहा है हम पर दफा 34 लगी है।

हिलो मत।

करवटें मत लो।

फर्श पर लोटें मत लगाओ।

खरबूजे तरबूज जो टटी के पास रखे हैं उन्हें गिनो मत, न ही छूओ।

पंखे की झालर में झूलो मत।

घुस कर मत लेटो।

यह मत करो

वह मत करो

अब ज़रा इन 'बातों' पर गौर कीजिए।

टटी के कमरे से छूटते ही चुन्नू और शमीम तो खेलने चले जाते लेकिन औरत-ज़ात गुड़ियाँ खेलती तो कहतीं कि ढंग से बैठकर गुड़ियाँ खेलो सलीक़ा आता है।

क्या बताऊँ मुझे इन कमीनी गुड़ियों से कैसा प्यार है, इन गुड़ियों से कोई क्या खेले, बच्चों की शक्ल के कपड़ों के ढेर थे कहीं अंग्रेज़ों वाली बात थोड़ी थी कि चाहे नहलाओ-धुलाओ कुछ नही बिगड़ता। यहाँ तो यह हाल कि दो दिन में चूहा।

गुड़ियों में आम तौर पर ब्याह का खेल खेला जाता है, हमारी बहुत सी गुड़ियाँ थीं लेकिन एक गुड्डा था। वही हर बार गुड़िया का पति बनता था। अगर कहो भी गुड्डे और

बनवा दिये जायें तो न मालूम किस मनोवैज्ञानिक दृष्टिकोण से उत्तर नहीं मिलता था, बस गुड़ियों से खेलो, गुड्डे की कोई आवश्यकता नहीं।

अभी खेल में रस्में खत्म भी न होने पायी कि मोलवी साहब आ गये... हवास खोए जाते, जी चाहा सो जायें मगर कहाँ। दो-तीन झँझोड़ियाँ देकर खड़े कर दिये जाते। चलिए क़ायदा सँभाल कर, रास्ते में ज़रा पानी पीने रुके तो कहेंगी अब चलो क्या पीटी जाओगी। कहो "भई तुझे क्या। तू तो जा" मगर वह डटा खड़ा है आप चाहे नौ गिलास पी जाइये मगर वह साथ ले जाकर छोड़ेगा।

झूम-झूम कर सबक शुरू हुआ। आँख-ऊँघ-ईंख। ताँख-तूँख-तींख। फिर वही खयाल भटकना शुरू हुआ। क़ायदा का पृष्ठ अधिक बेमज़ा होना शुरू हुआ। पीली-पीले काग़ज़ पर काली टेढ़े-मेढ़े शब्द मुँह चिढ़ाने लगे। इधर-उधर देखने को जी चाहा हर चीज़ हमारे ध्यान की मोहताज नज़र आने लगी। चुन्नू की गेंद जो बुरी हालत में मोरी के पास लुढ़क रही थी, आपा का अलगनी पर पड़ा हुआ दुपट्टा दरख़्त के पते। मोलवी साहब की टोपी का फुन्दना। शमीम का अमटा हुआ लाल कान, सबक से अधिक मजेदार लगने लगे।

घर में आपा की वही हैसियत थी जो आजकल हिटलर और सुलिनी की है। वक्त बे वक्त हुक्म, हमारी भलाई के लिए उन्हें फिक्र हुई कहला भेजा कि क़िरात सिखाई जाये ताकि दीन-दुनिया प्रकाशमय हो जाये। खुल गयी होती जन्नत की खिड़की मगर इस पापी से क़िरात क़ाबू में न

आना थी न आयी या तो एक साथ छह तानें निकल पड़तीं या गले में केवल एक फन्दा पड़कर उबकाई आ जाती। जो चुटकी के एक मीठे हिचकोले से टूटकर क़ाफ शब्द पर दम तोड़ देती। इतनी देर में सूफिज्म की समस्याएँ हल करती। चुन्नू कटखनों पर हाथ फेरता जाता और मेरी बुरी हालत पर मुस्कुराता जाता। शमीम खुद एक आलोचनात्मक मुस्कुराहट के साथ ध्यान से मेरी हर हरकत को नोट करता जाता कि बाद को मेरी नक़लें सब के सामने करके मुझे खून के आँसू रुलाये। तभी मैं अगर बरात या इसी किस्म की कोई आवाज़ आ जाती और हम चौंककर "मोली साहब बरात" कहते तो बस थप्पड़ों के झन्नाटे, चपतों के चटाखे और चुटकियों की सिसकियाँ शुरू हो जातीं। देखने में तो मोली साहब केवल मेरा हाथ थामकर हिला देते लेकिन बेहद होशियारी से अँगूठे और उसके बराबर वाली उँगली मिलाकर चकाचौंध करने वाली चुटकी ले लेते जो आस्तीन ही में जज्ब होकर रह जाती।

हम काफ़िरों से वह बार-बार कह चुके थे कि बाजे की आवाज़ पर लाहौल भेजा करें। और उसकी बड़ाई न करें क्यूँकि कयामत के दिन दज्जाल बाजा बजाता आने वाला है और बाजे में रुचि रखने वाले उसकी आवाज़ पर दौड़ पड़ेंगे और दोज़ख में जायेंगे।

हम लो चुप होकर तोशे अक्बा समेटने में लग जाते।

वहाँ से छूटकर आते। आपा कुछ तल रही होतीं क्या मजाल जो मुझे या चुन्नू को एक मक्खी बराबर आटा दे दें। कुछ भी कड़ाही में डाल लेने दें। चुन्नू तो खैर घी का लड्डू,

टेढ़ा भी भला है औरत ज़ात तो पाँचों उँगलियाँ, पाँचों चिराग़ होना चाहिए वरना ना-मालूम किसके घर जाकर आग लगाऊँ। मगर इस वक्त मेरे सुघड़ापे के सवाल पर कोई ध्यान नहीं दिया जाता है। वह तो जिस वक्त खेलते में मेरा दाँव आयेगा तभी मरे सुघड़ापे का खयाल भी आयेगा और कमरबन्द सीने या और कोई रद्दी सी बदशगुनी में भेजा मारने का हुक्म न मिलेगा उस समय तो हुक्म मिलता है "बस चलो यहाँ से नहीं तो कड़कड़ाता तेल हाथ पर रख दूँगी जो तूने लगनी को हाथ भी लगाया। अबकी आटा माँगा तो जलता-जलता अंगारा हथेली पर रख दूँगी।" "देखो भई अम्मा यह नहीं मानती।" वहाँ से हुक्म मिलता है। "मारो।" लीजिए!

अब खेलने कहाँ जायें, पलंगों पर मत खेलो, झूला हो जायेंगे, तख्तों पर मत कूदो, धड़-धड़ से कान उड़े जाते हैं। चबूतरे पर तिल धरने को जगह नहीं। अंगनाई में मेरी शौक़ीन आपा की क्यारियाँ मत खराब करो वरना टाँगें तोड़ देंगी, कभी मसाले पीसने की सिल से ठोकर लगती है तो कभी लोटा औंधा हो जाता है, कभी सीनी में पैर पड़ जाता है तो कभी बच्चे के पालने में उलझ जाते हैं। कुछ नहीं तो कोने में खड़ा हुआ बाँस ही ज़रा से बहाने से धड़ाम से सर पर आन पड़ा। साथ ही साबुनदानी मोरी में लुढ़क गयी और जाकर सोये हुए कुत्ते पर गिरे, या अल्लाह, क्या आफत है या तो इन बच्चों को उठा ले या मुझे मिट्टी में मिला दे, ऐसे बच्चे भी कहीं दुनिया में हुआ करते हैं, हों तो काहे को जिन्दा रहे। कई तरह की डाँटों के बाद बिठा दिये जाते कि

खबरदार जो ज़रा भी हिले तो हड्डियाँ तोड़ दूँगी।

रात को बिस्तरों के हवाले कर दिये गये कि "लो मरो" खैर मरने से पहले हँसी है कि क़ाबू ही में नहीं आती। चले आते हैं खूँ खूँ खी खी खुक कक खूँ। हुक्म मिला कि अबकी अगर साँस भी ली तो गला घोंट दिया जायेगा। अब सोये तो खाक, मीठे सपनों की उम्मीद रख सकते हैं सिवाय इसके कि कुत्ते पीछे भाग रहे हैं। बन्दर, उल्लू, बैल पीछे दौड़ चले, पानी ही पानी जिसमें मटके बराबर मेंढक चूहियाँ ही चूहियाँ, गाड़ी चढ़ी चली आती हैं। इकन्नियाँ ही इकन्नियाँ पड़ी हैं। खुशी-खुशी जमा कर लें, कसके मुट्ठियों में पकड लें। आँख जो खुली तो मुट्ठियाँ तो वैसी ही घुटी हुई हैं और इकन्नियाँ गायब। जो रोयें तो आवाज़ आयी "ए है रात को भी चैन नहीं, चुप नहीं तो दे दूँगी कुत्ते को उठाकर" सुबह का फिर वही मंजन और वही हम।

अब और अब... जैसे स्वराज मिला हुआ है। अपनी राजधानी है। बिस्तर में लेटे-लेटे चाय पी। उठकर नाश्ता किया। सज-सजाकर ऑफिस गये। खाना समय से पूर्व या थोड़ा देर में मिला और नौकर पिटा। बोटी बहुत सारी और गली हुई मिलती है। अण्डे खाते हैं, जब तक चाहो गुल मचाओ और हँसो बिलकुल शोर नहीं होता। पलंगों पर चाहे जितना कूदो, झूला नहीं होते हैं। तख़्त पर कितना ही कूदो किसी के कान नहीं उड़ते। चाहे सारे आटे को लेकर कड़ाही में डाल दें कोई कफगीर (चमचे जैसा) नहीं मारता आपा मंजन जरूर तैयार करवाती हैं और घस्से भी लगते हैं मगर मक्खन के, हमें तो नरम बुरुश और खुशबूदार क्रीम काफी

है, किसी किस्म के मास्टरों के आने का कोई हुक्म नहीं। केवल म्यूजिक मास्टर आ सकता है वह भी कभी-कभी केवल सुस्ती के बिना पर भगा दिया जाता है बात यह है कि हम सब बच्चा थोड़ी हैं जब कोई फिक्र न थी आज़ाद जिन्दगी, भोलापन, आज़ादाना प्यारी-प्यारी बातें। सुख की नींद। काश बचपन फिर एक बार... खैर।

❑❑❑